バスケットボールコーチ 50年

教えは学びの半ば

Ishimura Usaichi

石村　宇佐一

まえがき
バスケットボールを以てこれを貫く

　アメリカで過ごした日々は遠くなった。大学のバスケットボール指導者として 50年経った今、バスケットボールを学び、指導した日々を整理して残したいと思うようになった。私は、1985(昭和60)年度の文部省(現文科省)在外研究員として、ニューヨーク州バッファローにあるカニシャス大学で、コーチングスキルを学ぶ機会に恵まれた。いつの日か、アメリカでバスケットボールの指導の仕方を学びたいと頭の片隅に置き続けてきた。私が育った山口県の岩国という町は、バスケットボール選手として、コーチとしての故郷である。私の人生に大きな影響を及ぼした。高校生まで育った岩国には、American High School があり、岩国高校バスケットボール部と American High School は毎年二回ゲームを行った。基地にある High School から高校までバスが迎えに来る。私が在学した 1960(昭和 35) から 1962(昭和 37) 年のことである。ルールはアメリカのルールを適用した。フリースローレーンは台形ではなく長方形、選手の並び方も違っていた。試合はシーズン初め岩国高校チームが勝てた。しかし、シーズン後半はいつも負けた。彼らもシーズン中に練習を行い、戦術・戦略もしっかりしてくるので負ける。そのとき、戦略に基づき戦術まで考えて練習していなかった。やはり今思うに、ここに負ける原因があったように思う。戦略に基づく戦術のともなわない練習は、時がたつと共にゲームに敗れるということである。アメリカはバスケットボール発祥の地であり、長い伝統と実績を誇るだけに、その質、量と優れた訓練の体系化を感じさせられた。本書は、アメリカに飛び込んでバスケットボール・オフィスの一員になるための準備に渡った 3 か月間と、加えて 5 年後の 1 シーズンをスタッフの一員として過ごしたカニシャス大学のバスケットボールの指導―練習過程の学びと、さらにアメリカから帰ってきた前後の学びの合計 50 年の記録である。バスケットボールは複雑なスポーツでありいろいろな見地から分析されるが、アメリカで学んだことは、バスケットボールの指導―練習過程の組織化である。とりわけ、日本では個人技能か集団技能かと今なお論議されているがそれは問題ではない。組織対組織の競技において、いかにして自分のチームの組織を構成しつつ相手の組織を崩しえるか、それ

に個人技能が組織を再構成できるかである。つまり、組織対組織、人対人、技術対技術の対応の関係を問題にした。第一部は、シーズン前（コンディショニング、ウエイトリフティングプログラム）、シーズン中（日々の練習－指導過程の記録、試合への参加、試合の遠征、コート外の頭脳戦）、シーズン後（シーズン結果の整理、スプリングフィールド大学での学び、サマーキャンプの実施）を中心にまとめた。第二部は、「バスケットボールとスポーツ科学」と題し、バスケットボールの研究とスポーツメンタルトレーニングプログラム開発の研究である。第三部は、指導者として経験を積んできた私的なバスケットボールの指導歴とバスケットボールを通しての地域貢献を年表として示した。さらに、私がアメリカで日々過ごした生活をコラムにして加えた。アメリカという慣れない文化の中でバスケットボールのボランティア・アシスタントコーチとして働くには苦労が伴った。しかし、結果としてどんなに苦しくてもかけがえのない体験を持てたわけであり、このような機会を得たことはつくづく幸運であった。カレッジバスケットボールへの道コーチング 50 年、私の体験をお伝えできれば幸いである。

石村宇佐一

目　次

第一部

カレッジバスケットボールへの道

第1章　カニシャス大学 Golden Griffins

1. アメリカ大学バスケットボールの特徴

　アメリカの学生スポーツの世界はＮＣＡＡが全国的に統括している。その中でバスケットボールは3部構成とされ、レベルの高い順からディヴィジョンⅠ、Ⅱ、Ⅲと呼称されている。各ディヴィジョンには約300の大学が加盟している。

　ディヴィジョンⅠへ加盟するための基準は厳しく、学生数や体育館の収容人数、学校の歴史なども考慮される。ディヴィジョンの下にはカンファレンスと呼ばれる組織があり、リーグ戦やトーナメント戦を企画運営している。これが日本の大学リーグに相当する。

　アメリカ大学バスケットボールの特徴として以下の3点が挙げられる。

①少数精鋭（ロースター制度）

　シーズンが始まる前に、15名から20名程度の選手を出場選手登録枠（ロースター）に登録する。10月中旬から3月までのシーズンを、この少数の選手で戦っていく。

②奨学金返済不要

　4年制大学のバスケットボール部に所属している学生は、レベルやスキルによっては返済不要の奨学金が支給される。コーチからの評価が高い選手は学費の全額に相当する奨学金を獲得することもできる。

③7年間のプレイ資格

　日本では学生の出場資格は原則4年間に限られているが、アメリカでは7年間のプレイ資格が選手に与えられている。

　怪我などでロースターに入れなかった選手は「レッドシャツ」と呼ばれ、プレイ資格が1年間延長されることもある。

　その他にも人間関係の面で日米に違いがみられる。例えばアメリカバスケットボール界では学年による上下関係はあまりない。低学年の学生が雑用をすることはなく、コーチ陣は選手とフラットな関係を築こうとする。「もっと選手のことを理解しよう」をキーワードに、コーチは選手に自分の指導を押しつけることはなく、アドバイスをしながら選手と共に能力を引き出す指導を行っている。

2. カニシャス大学のバスケットボール

　カニシャス大学は、ニューヨーク州バッファロー市にある私立大学である。1870年に創立されたキリスト教の伝統を守るリベラルアーツカレッジで、人気の専攻分野は心理学、会計学、生物学などだが、とりわけビジネススクールには定評がある。大学院生もいるが、リベラルアーツカレッジらしく、あくまでも学部中心の大学で全人教育が基本である。上質の教育と学生個人に対するきめ細かい指導が受けられるという評価が高く、この理由でこのカニシャス大学を選ぶ学生が多い。キャンパスは観光地として有名なナイアガラの滝に近いが、冬はこのナイアガラの滝が氷るほどの寒さとなる。

　カニシャス大学のスポーツ競技部組織はデムスク学長の下に位置するアスレティック・ディレクターが各種スポーツ競技団体を統括している。スポーツは強豪であるバスケットボールのほか野球、テニス、陸上などが盛んである。

　全米大学体育協会（NCAA）の第一部（Division I）であるチームカニシャス・ゴールデングリフィンズ（Canisius Golden Griffins）はキャンパス内のアリーナ、ケスラーセンター（Koessler Center）を本拠地にしている。メトロ・アトランティック・アスレティック・カンファレンス (Metro Atlantic Athletic Conference) に所属している。そのため対戦する相手チームは、ハートフォード大学、ヴァーモント大学、ニューハンプシャー大学、シエナ大学、メイン大学、ナイアガラ大学、コールゲイト大学、ボストン大学、ノースイースタン大学の9チームとなる。

　私は、このゴールデングリフィンズのバスケットボール・オフィスというフィールドでアシスタントコーチとして1シーズンを過ごした。その間に「自分の足で、自分の眼で」見たものを、「発想法」で有名な川喜多二郎先生の手法であるカードとノートに書き留めていった。本書はこの記録をまとめたものである。

カニシャス大学のキャンパス

デムスク学長

3．コーチングスタッフとオフィスの組織

　バスケットボール・オフィスは、ヘッドコーチを筆頭にして、その下に第1、第2、第3アシスタントコーチがいる。その他に、チームドクター、チームトレーナー、マネージャー、セクレタリー、スポーツインフォメーションディレクター、学生アルバイトなど20名の人たちがバスケットボール・オフィスに関わっている。私はボランティア・アシスタントコーチ、第3アシスタントコーチとしてバスケットボール・オフィスの一員に位置づけられた。役割は他のアシスタントコーチと同じく、相手チームの視察、選手のリクルート、毎日の練習参加、シーズン中の遠征試合に帯同するなどであった。

スタッフの責務

①ヘッドコーチ

　ヘッドコーチは単なる技術のみの指導者ではなく、まず選手に対する教育的配慮もできなくてはならない。コーチはまず第一に教師なのである。私は、アメリカに来る前に日本で外国人コーチを呼んで行われたバスケットボールのクリニックに参加したことがあったが、その時、どのコーチも「マイ・フィロソフィーは、『コーチはまず教師である』ということである」と話していた。ヘッドコーチは、いかに能力のある選手を集めたとしても、そこに教育的な配慮が欠けていれば効果的な指導はできず成

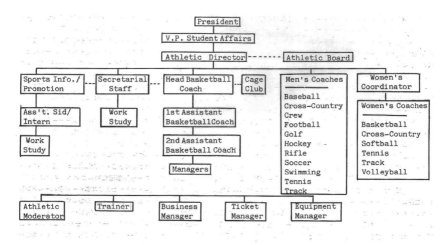

CANISIUS COLLEGE DEPARTMENT OF ATHLETICS

功は望めないと考えている。

　次に、ヘッドコーチは選手との関係を深めるための話し合う場を設けなくてはならない。彼は選手たちの悩みの聞き手であり、アドバイザーである。そして、ほとんど毎日のように一対一で話し合うために時間を割いている。これを見て、私はヘッドコーチが選手とコミュニケーションをとる役割は大きい。スポーツ技術の一つであるコミュニケーションスキルを高める必要があると痛感した。

以下がヘッドコーチの日常的な責務である。

1）全体の計画及び特別計画を立てる

2）全スタッフを決める

3）選手と親、学生間の関係を監督する

4）経費を見積もる

以下がコーチやスタッフの責務である。

②第1アシスタントコーチ

1）予定表を作る

The Canisius Coaching Staff: The Men Behind the Griffs

NICK MACARCHUK
Head Coach

Beginning his ninth year at the helm of the Canisius basketball program is Nicholas Macarchuk. The Griffs' mentor is the 15th head coach to be employed by Canisius. His 112 victories place him second on the all-time Golden Griffin win list.

Macarchuk assumed the Canisius coaching responsibilities after successful stints at St. Thomas More Prep School (Ct.) and Providence College. While at St. Thomas More, Macarchuk won 73 of his games in nine seasons. Former NBA star Ernie DiGreggorio was a member of one of those squads.

During his five year tenure as an assistant with the Friars, Providence participated in three NCAA tournaments. Included was a fourth place finish in 1973.

In the fall of 1977 the Montville, Conn. native took the reins of a sagging Canisius program. The Griffs had won only three games in the season prior to Macarchuk's arrival. Since compiling a 7-19

mark in his first year, Macarchuk has won 54.1 percent (105-89) of his games.

In 1981-82 he received District I Coach of the Year honors after leading his squad to a 19-8 mark and a berth in the ECAC-North playoffs. That squad had the finest record at Canisius since 1962-63.

The Griffs matched those 19 wins in 1983-84 to earn their mentor Coach of the Year honors in the North Atlantic Conference. That squad tied the 1981-82 team for the third highest victory output in Canisius history.

The Griffs finally cracked the 20-win barrier last year, and in the process became the first Canisius cage squad to ever capture a conference title.

A collegiate star himself, Macarchuk played for Fairfield University from 1960-63. He earned all-East honors while serving as a co-captain during his senior year. He ranks ninth on the Stags' all-time scoring chart with 1217 points in 73 games (16.7), and second in rebounding with 932.

MACARCHUK AT CANISIUS

Year	W	L	Pct.
1977-78	7	19	.269
1978-79	12	14	.462
1979-80	13	14	.481
1980-81	11	15	.423
1981-82	19	8	.704
1982-83	11	17	.393
1983-84	19	11	.633
1984-85	20	10	.667
Total	**112**	**108**	**.509**

STAN PELCHER
Assistant Coach

Stan Pelcher is in his third full season of assisting Nick Macarchuk at Canisius. A native of Simsbury, Conn., Pelcher joined the Griffs program after working two years as an assistant at Marshall University.

The 40-year-old mentor initiated his coaching career at Glastonbury (Ct.) High School, and then continued onto his alma mater, Central Connecticut State, as an assistant. Next stop on the coaching trail was Springfield College, one of the top Division II programs in the country, before moving along to Marshall.

Currently a resident of Tonawanda, Stan has a myriad of coaching responsibilities at Canisius. As the Griffs' chief recruiter, Stan can be found in Philadelphia one day and in St. Louis the next. He also scouts, schedules games, and works in practice with the Canisius big men.

DAVE SPILLER
Assistant Coach

Joining the Canisius staff this year is 1978 Canisius graduate Dave Spiller. The Buffalo native arrives after a six-year stint as the head coach of D'Youville College, a National Little College Athletic Association school located in Buffalo.

Spiller is familiar to the basketball community in Western New York not only because of his head coaching assignment at D'Youville, but because of his play with the Golden Griffins from 1975-77. In 44 games he averaged 7.8 points and led Canisius in scoring as a senior with a 10.5 average. During the 1976-77 campaign, he topped the Griffs in scoring nine times and rebounding on five occasions. He registered a career high of 22 points against Fairfield, and collected nine rebounds versus Long Island University. Over a six game stretch late in the year Spiller averaged 17.2 points.

USAICHI ISHIMURA
Volunteer Assistant Coach

Adding an international flavor to the Canisius staff this winter is Usaichi Ishimura. Representing Buffalo's sister city, Kanazawa City, Ishikawa-Ken Japan, Usaichi will play an active part in practice sessions and scouting opponents.

He arrives in Buffalo on sabbatical from Kanazawa University, where he teaches basketball and is a professor of sports psychology. His work at Canisius is being funded by the Japanese ministry, and his official capacity is listed as a 'researcher.'

Despite the distance, Usaichi is no stranger to Buffalo, Canisius, or Nick Macarchuk. Ishimura was an 'observer' of the Griffs' program in January of 1981. During his two month stay, he attended practices and games and made several recruiting trips.

Usaichi is 40 years old and a 1967 graduate of Hiroshima University.

コーチを紹介する新聞記事

2) 予定の実施及び準備を指示する

3) 遠征時：遠征先の予定、部屋割りを決める

4) 施設の使用予定を立てる

5) 体育館の使用予定を立てる

6) ゲームレポートを作成する

7) 練習試合の申し込みをする

8) 学生の単位習得状況を調べる

9) 新入生を指導する

10) 部報を作成する

Nick Macarchuk　　　Stan Pelcher

③第2アシスタントコーチ

1) 新入生の勧誘プログラムを作成する

2) チームのグッズを販売する

3) ゲームのハイライトフィルムを作成する

4) サマーキャンプの計画を立てる

5) 対戦相手の視察をする

6) 新聞記事の切り抜きをする

Dave Spiller　　　Usaichi Ishimura

④第3アシスタントコーチ

1) 記録フィルムの保存管理をする

2) バンド、チアリーダーを組織する

3) マスコミへ連絡する

4) 紅白試合の審判をする

5) チームパーティーの開催を計画する

6) 施設、用具、経費を管理する

Daniel P. Starr　　　John Maddock

⑤院生アシスタントコーチ

1) ヘッドコーチ用のファイルを保存管理する

2) コピーとファイルを保存管理する

3) 練習プログラムと関係がある資料と
　　新聞記事の切り抜きをする

4) スタッフのスケジュールを管理する

Theresa Hoerner　　　Terry Hurley

John Gabbey　　　Peter M.
Koehneke

　　5) 特別イベントのカレンダーを管理する

　　6) ロッカールーム管理の手伝いをする

⑥学生アシスタントコーチ

　　1) フィルムを準備する

　　2) 対抗戦の新聞記事を作る

　　3) 対抗戦のフィルムレポートを作る

⑦秘書

　　1) バスケットボール・オフィスを管理する

　　2) ヘッドコーチ個人の予定を管理する

　　3) 全コーチの打ち合わせの手伝いをする

⑧アカデミックアドバイザー

　　1) 選手の学習状況を確認する

　　2) 選手の授業の出席確認をする

　　3) 選手の履修単位確認をする

⑨チームドクター

　　1) 負傷した選手の診断をする

　　2) 負傷した選手の治療をする

⑩チームトレーナー

　　1) 練習へ参加する

　　2) 選手のリハビリをする

4. チームハンドブックと指導哲学

　チームが良い成績を上げるには、コーチの指導哲学が重要な要素になる。1980 年に初めてニック・ヘッドコーチにお会いした時、「宇佐一の指導哲学は何か」と問われて戸惑ってしまった。指導哲学とは、自分の信条や原則といったもので自分の行動規範となるものである。

　ニックの質問は、私の人生で何をしたいのかと問うていたのであった。私は自分の

プレイヤーの生活習慣（チームハンドブックより）

・大学内において

あなたの大学における責任は学業を第一とし、卒業することである。

1. 講義には週 15 時間出席しなければならない。
2. 講義への参加の際は服装を正し、講義室の前列の座席に着き講義への関心を示しなさい。
3. 週末を含め、毎日の勉強計画を立てなさい。
4. コーチは、選手が学業の能力を出しきっているかを判断する。学業をなおざりにする者は改善するまでチームから除外される。

・大学外において

カニシャス大学のユニホームを着ると決めた時点で、チームの代表としての社会的責任を負う。

1. ひげを剃り、髪はちょうど良い長さにし、清潔にする。
2. 大学の祭典に参加し、他のスポーツの試合などを 1 年を通して応援する。そうすれば、私たちのプログラムを援助してくれるだろう。
3. シーズン中はビールやアルコール飲料は禁止する。あなたの身体はチームメイトやコーチのものであり、健康に十分気をつけなければならない。
4. エネルギーは教室とバスケットボールコートの両方において使うのであり、夜間の外出には門限を決めて休養と十分睡眠をとるようにする。
5. 謙虚であれ。チームへ迷惑をかけることをしてはいけない。

・練習において

1. 自分がつらい時に腹痛を訴えたり、言い訳をしたりしない。言い訳の得意なプレイヤーは、ほかに得意なプレイがないのだ。
2. 苦しいしぐさをしたり体を屈めたりする時は、シャツの裾をパンツの中へ入れなさい。

試合時の 10 の約束

1. 出来るだけ長く、最高のプレイをする。
2. 思慮深く明確な目的を持ち、チームが同一の高いレベルでプレイをする。
3. ターン・オーバーは、13 またはそれ以下にし、敵には 18 またはそれ以上にさせる。
4. ディフェンスリバウンドには、必ず 5 人が参加しなければならない。
5. 的確なシュート選択と優れたオフェンスの遂行によって 50％のシュート成功確率を得る。敵に対しては 45％の確率、それ以下に抑える。
6. 切り返しのディフェンスによってレイアップシュートをさせない。有利な状態を作ることによって速攻を止める。
7. 不必要な、無駄な、中途半端なファウルは最小限にする。このようなファウルは 16 までとする。もしファウルをするならば、3 ポイントプレイをさせないようにしなければならない。
8. 敵は 63 ポイント、それ以下に抑える。シュートは 15 フィートのラインの外から撃たせる。
9. オフェンスの 75％をシュートにもっていき、それにはファウルラインからのシュートが有効だ。
10. 勝つこと。

哲学を持たなければならない、自分の行動を貫くような哲学をしっかり持たなければならないと思った。哲学を持つことにより、練習のルールやチームのプレースタイル、規律、短期・中期・長期の目標などからのぶれや不確実さを取り除くことができる。バスケットボールに関する技術的な知識を養うのと同じように、自分の哲学を確立することで優れた指導者になれるのだと考えさせられた。私が日本を離れ自分を見つめたこの機会、つまりアメリカに渡り3か月間バスケットボール・オフィスの一員として仕事をやっていけるかという判断をされたインターンシップと、その後1シーズンのバスケットボール・オフィスでボランティア・アシスタントコーチとしての経験こそが私自身の指導哲学を確立するための期間だった。

　指導哲学は、言葉でなく、行動によって表現される。また、哲学は一生深め続けるものであることを忘れてはならないと考えている。

　カニシャス大学には、コーチングスタッフや選手がどう考えてどう動くべきかをまとめた「チームハンドブック」がある。このチームハンドブックは、プレ・シーズン中のミーティングでチームにおいての重要な情報や事項を各選手に再確認させ、コーチングスタッフと選手が一つの方向に向かって進むための助けとなる。さらには、選手がどのように行動すべきかの規範を示している。その規範とは、「授業に出席し、良い市民であれ」「チームに迷惑をかけることは一切するな」などである。

　選手たちも大学生である。彼らも一般の大学生と同様にテストを受け、単位を取って卒業していかなければならない。価値あるものを簡単に手に入れることは難しい。しかし、厳しい学業は心と人格を鍛えてくれる。大学教育から得られる達成感はとても大きい。

5. 人生哲学・行動特性

　ニック・ヘッドコーチは自らの指導哲学を確立していくために、バスケットボールとは異なる分野の過去の偉大な人物たちの人生哲学等も参考にしていた。例えば次に示す人物たちである。

　トーマス・ジェファーソンの人生哲学は、「不道徳な行為をなすな」と示し、ヘレン・ケラーは「自分の知恵を使って立ち向かい困難に支配されてはならない」と述べている。

①トーマス・ジェファーソンの人生哲学

　トーマス・ジェファーソンの人生哲学には、岩のように確固としている主義に関するものや、風潮に従うことを好むということに関するものがある。

　不道徳な行為をするよりもむしろ、金を捨て、そしてこの世の中のすべてのものを捨てる方がいい。どんなに不道徳な行為をもできる状況においても、決してそんなことを考えてはならないし、どんな環境のもとにおいても、不名誉な行為をすることが最もよいなどとは決して考えてはならない。

　何かの行為をしなければならない時はいつでも、それが自分自身のほかには決して知られることがありえないとしても、世の中のすべての人が自分を見ているとしたら自分はどのように行動するだろうか、と自分自身に尋ね、そして、その結果に応じて行動するがいい。

　一度うっかりうそをついてしまうとその人は、たやすく二度目や、三度目のうそをつくようになることはわかりきったことである。そして、ついにうそをつくことが習慣となってしまうのである。しかし、そのような人は、そのことに気をとめないでうそをつく、そうなると、たとえ真実を言ったとしても、世の中の人は彼を信じなくなってしまうのである。

②ヘレン・ケラーが行動する際の特性

"特性というものは、たやすく、静かに発達するようなものではない。試練や、苦しみの経験を通してのみ精神は強くなることができ、視界ははっきりし、大志を抱き、そしてようやく、成功が成し遂げられるのである。"

全く健康な体で生まれながら、一才半のときの病気で全く目が見えなくなり、また、全く話せなくなってしまったというヘレン・ケラーの話は多くの人が知っている。病気にかかって以来の5年間、彼女は世の中から孤立し、暗闇の中でひとりぼっちになっていた。しかしその後、素晴らしい教師であるアンネ・サリバンと出会い、彼女の助けを借りて、ヘレンは、自分が背負っている困難に立ち向かったのである。

"あなたが失っているものは、失っているものとして直視し、あなたの知恵を絞ってそれらの困難に立ち向かいなさい。それらの困難に、あなたが支配されてはいけません。"と彼女は言った。ヘレン・ケラーは、決して孤立しなかった。彼女は、彼女自身のことを周囲に伝えるようになった。やがて彼女は、ラドクリフ大学を卒業し、社会において尊敬される地位を得ていった。彼女は、決して自分自身を哀れむことはなかった。また、彼女は、決してあきらめなかった。

彼女は、次のように説明する。"もし打ち勝っていくべき制約がないならば、その人の豊かな人生経験において克服するという喜びをいくらか失うでしょう。通り抜ける谷の暗さが無いならば、その後に到達する、陽に照らされた丘の上の時間も、とても素晴らしいものではなくなってしまうでしょう。"

コラム　アメリカへの旅立ち

　アメリカでの旅の仕方は、宮本常一先生から学んだ。宮本常一先生が父から受け継いだ 10 か条がある。その 10 か条の中に、「人の見残したものを見るようにせよ。その中にいつも大事なものがあるはずだ。あせることはない。自分の選んだ道をしっかり歩いていくことだ。」私はこの 1 か条を旅する時の心構えにしている。「旅する巨人」と呼ばれた宮本常一先生を旅の師とするのは、私が生まれた周防大島の出身であったからだ。英語の苦手な私がなぜアメリカなのか、バスケットボールはアメリカが発祥の地であるからだ。つたない英語を話す私に対して、カニシャス大学の体育教室、バスケットボール・オフィスの人達は非常に寛容であった。日頃飲まない私でも、アメリカでは日々ストレスを感じていたのであろうか。毎日、ビールを飲んだ。1 缶が 2 缶になり 3 缶になっていった。バドワイザーの空き缶が窓枠に何十本と並んでいった。カニシャス大学の 3 か月間のインターンシップと 1 シーズンのバスケットボール・オフィスでのアシスタントコーチを経験した。ニューヨーク州バッファローの 3 か月と 10 か月に渡る 1 シーズンのその日その日を過ごした。この一連のコラムはアメリカの東部地方を中心に「歩き見たり聞いたり」を私なりに奮闘し記憶に残ったものを記録した。

6. ニック・ヘッドコーチの教え
：ヘッドコーチのリーダシップ責務には書かれていない家族のことなど

　ニック・ヘッドコーチは家庭を大切にする、奥さんと子供たちを思いやっていると、お宅にお邪魔する時にいつも思う。私も、このさりげない思いやりが出来るようになりたいものだ。夫婦と子供の小さな集団をまとめ上げられない人が、果たしてバスケットボールに関わる大集団をまとめ上げられるものか。家庭が上手くいって初めて多くの人達をまとめることができるというものだ。私はアメリカで、バスケットボールに関すること以外にも目に見えないリーダシップの取り方を学んでいった。

We interrupt this Marriage to bring you the Basketball season.
私たちは、あなたにバスケットボールシーズンを楽しんでもらいたいから、
リラックスしている結婚生活の邪魔をするんですよ。

ニックとその家族

第2章　カニシャス大学のプレ・シーズン

1．プレ・シーズンの過ごし方

　NCAA のルールでバスケットボールの練習開始は 10 月 15 日である。ただし、大学の授業開始となる 9 月からプレイヤーたちは個人練習やウエイトトレーニングは許され、シーズン前の練習はコーチングスタッフの指導はなく、選手同士が自主的に行うようになっている。ヘッドコーチは窓越しに彼らの練習を見守るだけである。練習の内容は、コンディショニングプログラムと体力強化プログラムの二つに大別される。

　私はアメリカに行ってシーズン前のコンディショニングや基礎体力の養成、技術習得状況を観察するために、毎日練習に参加してその内容を記録し、ビデオにとって分析した。分かったことは、10 月 15 日が練習開始であるが、戦いはそれ以前にもう始まっているということである。この 1 ヵ月間のプレ・シーズンのトレーニングは体調を維持し、バスケットボールの技術を高めるために行われるが、コーチ無しで行うことでチームワークを高める効果もある。シーズン中にはそのための時間が足りないのだ。キャプテンを中心にしたチームメイトとの反復練習によって選手同士が互いをよく知ることができ、それだけキャプテンの役割が重要になってくるということである。また、それが秋のチーム練習のしっかりした準備となる。

カニシャス大学

2.　コンディショニングプログラム：目的とその練習メニュー

　コンディショニングとは1シーズンという長期間に渡って高度な技術を選手が維持できるように、動き作りをするということである。ストレッチの効果は他のコンディショニングプログラムの様にすぐにはあらわれないが、柔軟性、関節の可動範囲を広げることとケガの予防に大切になってくる。ストレッチはコンディション作りの中でも最も大切な要素の一つであり、「知的な汗」といえる。

1）ストレッチ

a.　大腿二頭筋（Hamstring）のストレッチ

（1）仰向けに寝て、パートナーに片脚を持たせ膝を伸ばしたまま頭の方向へもっていかせる。

（2）パートナーは痛みのない範囲で頭の方へ脚を押していく。

（3）パートナーに向かって脚を押し返す。（脚が動かない状態で5秒間保つ）

（4）できる限り頭の方へもっていく。（5秒間）

（5）パートナーに向かって脚を押し返す。（脚が動かない状態で5秒間保つ）

　　＊逆の脚も同様に繰り返す。反動をつけず、ゆっくり行う。

b. アキレス腱、ふくらはぎのストレッチ

（1）壁に向かって、壁から大体30インチ（76cm）離れて立つ。

（2）かかとを床につけたままで、手を壁につけて肘を曲げて壁にもたれかかる。

（3）腱が伸びていると感じるまで床から爪先を離し、30秒間保つ

（4）壁から離れた方向へ足を動かすと新たな伸びが得られる。

（5）片足を壁に近付けることにより。各々の足の腱が伸びる。

c. 肩、胸のストレッチ

（1）腕と共に頭を壁に向け、壁に対して水平に親指と人差し指側へ伸ばす。

（2）快適な伸展が得られるまで反対の方向へゆっくり回す。

（3）30秒間保った後、わずかに15秒ゆるめる。

2）ランニング

　　a. 低速の長距離走：LSD走（The Long Slow Distance）は、他人と会話ができるくらいの快適なペースで走るというものである。このLSD走では、完全に疲労し

きってはいけない。可能な限り芝の上を走るようにする。

b. インターバルトレーニング (Interval Training：IT) は、短時間で疾走できる距離 (20m あるいは 40m) を走る。全行程を全力で走らなければならない。走っていて指示があったらすぐに歩行または休息をとる。歩行は通常歩行と同じペースで行う。

第 1 週　　週に 3 日、1.5〜3km の LSD 走を行う。

第 2 週　　週に 3 日、3km の LSD 走を行う。

第 3 週　　40m 走の後 40m 歩行、これを 10 セット。この IT を月曜日と水曜日に行う。水曜日に 3km の LSD 走を行う。

第 4 週　　20m 走の後 10 秒間の休息、これを 15 セット。この IT を月曜日と水曜日に行う。水曜日に 3〜5km の LSD 走を行う。

3）エアロビクス

　今では、どこのスポーツクラブでもエアロビクス（エクササイズ）として行われているが、私はここカニシャス大学で 35 年前に生まれて初めてエアロビクスというものを経験した。ここのコーチングスタッフたちは、常によりよいものを取り入れることに熱心で、エアロビクスも他大学に先がけて導入した。トレーニングでは専門家のエアロビクストレーナーが指導した。このエクササイズは、スポーツのウオーミングアップ（W-up）にいい、というよりもコンディショニングにいいと思う。

エアロビクスの様子

　始め私は、外で見ているだけで選手が一生懸命リズムに合わせようとしているのを面白く感じた。ところが、ひとたびエクササイズに参加してみると今度は笑えない。自分が笑われる番だ。しかし、やっているうちに恥ずかしさは消え、汗が出る。ほんの軽い運動だとバカにしてはいけない。連続して時間をかけてやると程よい運動量になる。しかし若者には足りないのではなかろうか。やせるための運動というには少し弱すぎると思う。しかし、これもやってみて初めて判ることである。うまいへたは別にしてその中に入ってやってみよ！だ。

　もう1つエアロビクスのいい点は、手足の協調、リズム感、これらを養うのにいい運動だと思う。さらにウエイトトレーニング（Weightlifting Training）と合わせてやると効果があるとも思った。選手も第二週目には一層動きがスムーズになったし、リズムも合うようになってきて、楽しんでいるようである。私にとっても、とてもいい運動である。まるで水泳をしているようだ。

3．体力強化プログラム：目的とその練習メニュー

1）ウエイトトレーニング・プログラム

トレーニング内容

a. Pull over b. Arm Curl c. Leg Extension d. Leg Curl e. Bench Press
f. Incline press g. Behind Head Press h. Tricep Extension i. Squat j. Calf Raise

　a~j の項目についてはトレーナーによる選手の体力測定後に、各選手の負荷が決定された。それを基にして、各選手に与えられた重量、回数、セット数で選手は週3回授業のない時間を利用して行っていた。ウエイトトレーニングは、シーズン中も続けなければ効果はなくなる、やめてしまうとそれまでのトレーニングで身につけた筋肉は2週間ほどで消えてしまうと言われた。

2）握力トレーニング

① アイソメトリック（Isometric）
　胸の前で両手の年を合わせて指先と指先を重ね、充分な収縮が得られるまでゆっくりと押し合う。その後ゆっくりチカラをぬいていく。

② 第1週：1セット（12回）、第2週：2セット（12回×2）、
　第3週：3セット（12回×3）、第4週：4セット（12回×4）

3）ジャンプ・トレーニング

　　第1週：床に立ち、かかとをあげる。かかとを降ろしかかとが床に当たった時でき
　　　　　　るだけ高く、ジャンプする。それを繰り返す。15回1セット

　　第2週：床から15cm高いところに立ち、飛び降りる。
　　　　　　つま先から着地しかかとが床に当たった時、できるだけ高くジャンプする。

　　第3週：第2週と同じ。20回1セット

　　第4週：第2週と同じ。20回1セット台を利用して行う。

　　プレ・シーズンの最後にトレーニング効果の測定を行った。選手の測定を受ける態
度は真剣そのものであり、自分の持っている最高の力を発揮し、何とかしてコーチ陣
に認められようとしていた。この様子を見て、シーズン前からすでにチーム内の選手
同士の戦いは始まっていると感じた。

　　私は自分の研究上の興味から、カニシャス大学男子バスケットボール部の一軍の選
手の体力のレベルとプレ・シーズンのトレーにング効果を見るために体力測定させて
もらった。すると、パワー、筋持久力、柔軟性、敏捷性について有意な向上が認めら
れた。トレーニング・プログラムの中でウエイトトレーニング、エアロビクスの効果
は高いと推察される。スピードの領域については記録の低下がみられた。静的筋力、
心肺機能の領域についてはトレーニングの効果は認められなかった。ここから、スピ
ード、静的筋力、心肺機能領域に関するトレーニング・プログラムの改善の必要性が
示唆された。これらについては帰国して論文として報告することができた。本研究の
体力測定を協力してもらったニック・ヘッドコーチ、ペルチャー・アシスタントコー
チ、コンク・アスレティックトレーナーに感謝したい。

　　なお、コンディションプログラム、体力強化プログラムとテスト項目の測定と記録
方法の詳しい説明は付録2に示してある。

4. ニック・ヘッドコーチの教え
　：ヘッドコーチのコンディショニング

　　毎日コーチングスタッフのミーティングが終わると、ニック・ヘッドコーチはラン
ニングに出かける。長きに渡るシーズンを健康に過ごし、タフに相手チームと戦うた
めには、リーダであるヘッドコーチが倒れるわけにはいかないからだ。チームを強く
する前に自分自身を強くするということだ。指導者としてのコンディショニングが第
一であるとニックは言い、彼自身44歳であるにもかかわらずよく運動をする。

　　これは見習わなければならないと、私はカニシャス大学の体育館の中にあるプール

で泳いだ。私は50メートルを平泳ぎで泳いでいる時、いつもプールの中を歩いている人達にぶつかった。私は縦に泳いでいるが、プールの中で歩いている人たちは横の短い距離を横切っていく。その距離は私の泳ぎのペースに合っているから衝突することになる。水中を歩いている人は気にせず黙々と続けていた。今は盛んに水中ウオーキングを老いも若きもやっているが、水泳をもう少しやってもいいように思う。

　先ず健康、そしてシーズンを通してタフでなくてはならない。若い時からコンディショニングをしっかり管理しておかなくては年をとるにつれて老いの速度が早くなる。老いを防ぐには、自分の体の扱い方をしっかりとし、自分の体は自分で管理することだ。そしてそれには規則正しい生活をすることだ。朝は早く起き、仕事に早く取り掛かる。そしてゆとりも必要だ。このゆとりを作るためには仕事のリストアップとスタッフとの分担、これをしっかりすることだ。また、ここアメリカでは自分が一生懸命やっているということは見せなければならない。

コラム　アシスタントコーチ就任の新聞記事

　久しぶりに日本にいる家族と電話で話ができた。家族みんなが元気な声を出していた。手紙と写真を送ってくれたお礼を述べた。金沢にも私が出した手紙が届いたようだ。

　裕ちゃん、運動会頑張ったらしい。篤ちゃん、私のことクラス担任の西先生と話したらしい。朋一君も元気でやっているようだ。

　今日は日本では10月10日の体育の日で休日だ。順子さんから、北國新聞社へ外電が入ったらしいと、我が家に電話がかかってきたそうだ。カニシャス大学のアシスタントコーチ（Assistant Coach）になったとアメリカでも新聞に小さくだけれど載った。そして日本の新聞にも載った。記事の中には笹本正治先生の励ましの言葉も述べられている。これを読むと頑張らなければと考えさせられた。それにしてもアメリカから日本へ、それも北國新聞社へよく私のことが伝わったものだ。日本人がアメリカのバスケットボール・オフィスに入ってスタッフの一員として活動するということは大変珍しく貴重な機会だ。与えられた環境で全力を尽くすのみである。

北國新聞の記事

第3章　カニシャス大学のイン・シーズン

1．イン・シーズンの過ごし方

　シーズンは全ての大学で一斉に始まる。待っていたとばかりに選手たちに対してコーチングスタッフの指導が始められる。水曜日を除き、毎日午後2時30分から午後5時まで2時間30分の練習である。練習時間そのものは決して長くはない。コーチングスタッフは昼が過ぎると練習着に着替えて選手がコートに現れるのを待っている。選手も授業が早く終わった者から順にシュート練習を行って、アシスタントコーチから指導を受ける。そのため、チーム自体の練習は2時間30分と短くとも、チーム練習前の個人練習を加えると3時間以上は毎日行っていることになる。

　練習が始まると、まず基礎練習を行い、次にチームのコンビネーションづくりのための練習が始まる。そのためスクリメージ（scrimmage）がすぐ行われ、いろいろとコンビネーションを変えて誰が使えそうかをニック・ヘッドコーチは観察している。練習スケジュールには時間を効率的に使うためにその日の目標が掲げられる。練習のどの部分がポイントで、どの部分を強調するか。無駄な時間を省く。日々のスケジュールを設定することは、多くの選手が必要とするプランニングと組織化を提供する。チーム全体の組織としての質は、毎日のプランニングによって高められる。シーズン中2時間30分以上の練習は、集中力の維持やシーズン中のコンディショニングから言っても無理なので、この限られた時間の中で最大限の効果を発揮させるために計画が立てられている。以下に、1シーズンの練習スケジュールを示した。ここでは、初日の練習と第1週のスケジュールを示してある。

　シーズン半ばのハートフォード大学のゲームを前にして、ミシガンステイト大学と対戦した時のビデオ観戦とハートフォード大学のスカウティングレポートを確認した後の練習内容、及びシーズン後半のボストン大学の試合を控えてるの練習内容を巻末の付録に示した。

※スクリメージ
　1往復や2往復のゲームのこと。チーム内の練習試合も意味する。

COMPILED BY GREG SHEMITZ

Time Out

Notes, quotes and other items of interest around the East

Nick Macarchuk　　　　Usaichi Ishimura

Canisius Gets Foreign Aid

If you hear Canisius coach Nick Macarchuk boasting about his "Japanese import," you can be assured he's not referring to his Toyota. What he's alluding to is his assistant coach, Usaichi Ishimura.

A head basketball coach at a university in Kanazawa, Japan, Ishimura is taking a one-year sabbatical to study various aspects of the American collegiate game. Macarchuk added Ishimura to his staff this past summer to help expose the veteran Japanese instructor to the day-to-day operations of the Golden Griffs program.

Ishimura is also making some contributions during this learning period. His duties include officiating scrimmages, keeping practice stats and helping players develop better shooting and footwork skills. Macarchuk has even taken Ishimura along on scouting and recruiting trips. (Can you picture Nick offering a kid a scholarship while a 40-year-old Japanese man stands nearby scribbling notes?) During the games, Ishimura sits on the bench alongside the other Canisius coaches and keeps track of timeouts and player fouls.

Since basketball is a universal game, he has few problems showing players how to release a ball when shooting or how to position themselves on defense. When it comes down to speaking English, however, Ishimura is a lost soul.

"It's still very difficult for him. He can understand it well and read it

well, but he has trouble communicating," Macarchuk says. "The players and he get along fine. They respect him. He's teaching them Japanese and they're teaching him English."

Ishimura sees several disparities between the American and Japanese systems.

"The biggest difference is the budget. In Japan, they don't have money for recruiting," Ishimura says through an interpreter. "Also, players in America are much more aggressive. If they play well, they have a future in the game. In Japan, they have no pro ball or career opportunities, so their intensity isn't as high."

Macarchuk and Ishimura met each other for the first time in January, 1981 when Ishimura came to the United States as part of an exchange program between the sister cities of Buffalo and Kanazawa. He stayed with Macarchuk's family for two months while observing Canisius basketball.

This time around Ishimura has taken up residence at an off-campus apartment. Once a week, though, Macarchuk allows Ishimura to sleep at his home to help make up for the absence of Usaichi's wife and three children.

One thing that keeps Ishimura's mind off his faraway home is American food. Ishimura, who reportedly has a tremendous appetite, was asked to name his favorite dish. "Chicken wings" was his response.

"Yeah, he eats them by the bushel," Macarchuk says with a laugh. ∎

The Bulldogs Are Greyhounds

Tom Brennan likes his Yale team to run, but the Elis game against the host team in the Stanford Invitational was more like a track meet. In dropping a 129-108 decision to Stanford, four school records were broken and one tied. Records set included: most points by both teams (237), most points by an opponent in a game (129), most points by an opponent in a half (70-1st half) and most free throws made by an opponent (43 of 54). Tied was the mark for most free throws made by both teams (67).

* * *

Columbia's media guide notes that Mark Settles is an "excellent long-range shooter, with a soft, fluid jumper," and that a year ago, he paced the team in field goal percentage (.509) and scored in double figures. This year the 6-0 senior guard has picked up the pace. He's currently the Lions' top scorer with a 16.6 ppg mark.

Tom Penders and his Fordham squad have not lost in the eight

games played between the New York City schools since Penders left Morningside Heights in 1978 to take over the Fordham program. This year it was a narrow 44-43 win, the second straight game the Rams beat Columbia by a single point. Fordham has won 10 of the last 12 games against the Lions, with the two losses coming during Penders' tenure at Columbia.

Penn, the pre-season favorite to capture the Ivy title, is sharpening up with a tough non-league schedule. Included on the slate are Big 5 games against the other Philadelphia powers. Over the past two years, City Series games accounted for an 11-game losing streak for the Quakers. All that ended, however, with a difficult win over LaSalle. After opening up a 23-point second half lead, Penn had to withstand a furious Explorers' rally. LaSalle narrowed the lead to just four points with a minute to go, but succumbed to the end 86-80. ∎

The Name Game

What's in a name?

At Penn State the name Collins means record setting foul shooting. Swingman Craig Collins set an NCAA mark for free throw percentage last year by converting 94 of 98 attempts, a .959 clip, to replace UCLA's Rod Foster in the record book. Foster made 95 of 100 in 1983-84.

But the record set by Collins, who has since graduated, may be challenged by another Collins—Nittany Lions' freshman Mike Collins. Mike, a 6-3 guard, set a Penn State frosh record by hitting 19 straight free throws, breaking the old mark set by Alex Agudio in 1983.

In case you're wondering, Craig and Mike are not related. Craig is from Swarthmore PA while Mike hails from Leavenworth KS.

* * *

The name's the same, but the game isn't.

Elvin Hayes, Jr., a 6-3 freshman walk-on at St. Francis (PA), has yet to score a point, missing the only shot he's taken. His father, Elvin, Sr., scored over 17,000 points in 16 seasons in the NBA.

"I inherited the name, I didn't inherit the genes," said the younger Hayes. "My dad was a great

player, but he more or less had to play in order to go to college. Because of his success, he gave my family a good life and I don't have to play. . .but I do because I enjoy the game.

"I have nothing to prove to anyone. I just play for myself, for the sheer enjoyment. At first I played because my dad was a good player, now I'm playing for me."

St. Francis coach Kevin Porter was a teammate of the elder Hayes with the Washington Bullets. ∎

Mike Collins

10 EASTERN BASKETBALL

筆者を紹介する新聞記事

シーズン中の練習スケジュール（第1回）・練習過程と練習内容

第1回の練習スケジュール
CANISIUS COLLEGE BASKETBALL PRACTICE　#1
Tuesday, October 15,1985
Daily Objective: To explain all of our offensive and defensive philosophies.

9:00 a.m.　-　Stretching (notebooks, Pete, 2:40 p.m. this afternoon, avoid injuries.)
9:15 a.m.　-　Jump rope
9:20 a.m.　-　Fast break explanation
　　　　　1) lanes
　　　　　2) early offense
9:35 a.m.　-　Group work
　　　　　1) TEAM #1 - Jackson, Smith, Garrett, Russell, Heinold and Brennan (offense with Coach Pelcher).
　　　　　2) TEAM #2 - Macarchuk, Minick, Gilbert, Harvey, Kornet and Pittman(lanes and early offense with Coach Spiller).
　　　　　3) TEAM #3 - Mosley, Yaffe, Taggart, Kopydlowski, Brown and Edwards(defense with Coaches Ishimura and Macarchuk)
10:00 a.m. -　Rotate groups
10:25 a.m. -　Rotate groups
10:50 a.m. -　Full court run and jump with rotations
　　　　　1) scrimmage with teams
　　　　　2) look for man to zone pressure back to 1/2 court defense
　　　　　3) full court pressure
11:10 a.m. -　Three men shooting - Jackson, Macarchuk, Mosley
　　　　　　　　Smith, Minick, Yaffe
　　　　　　　　Garrett, Gilbert, Taggart
　　　　　　　　Russell, Harvey, Kopydlowski
　　　　　　　　Heinold, Kornet, Brown
　　　　　　　　Brennan, Pittman, Edwards
11:30 a.m. -　Free throws in a row - give highest to manager

（注）：毎日ヘッドコーチがスタッフの一員に渡す練習スケジュールの一例

各週の練習スケジュール

シーズン中：各週の練習スケジュール（第1週）
第1週の練習スケジュール
CANISIUS COLLEGE
BASKETBALL OFFICE

CANISIUS COLLEGE MEN'S BASKETBALL PRACTICE SCHEDULE
Week # 1 –Tuesday, October 15, to Sunday, October 20

Tuesday,　October 15　-　9:00a.m. to 11:30 a.m.
2:40 p.m. to 5:00 p.m. (Volleyball sets up at 5:00 p.m.)
Wednesday, October 16　-　2:30p.m. to 6:00 p.m.
Thursday, October 17　-　2:30 p.m. to 5:00 p.m. (Volleyball sets up at 5:00 p.m.)
Friday, October 18　　　-　2:30 p.m. to 6:00 p.m.
Saturday, October 19　　-　9:00 a.m. to 12:00 p.m.
Sunday, October 20　　　-　9:00 a.m. to 12:00 p.m.
GOLDEN GRIFFIN BASKETBALL

2．ボビ・ナイト (Bobby Knight) のコーチング・クリニックに参加

　ボビ・ナイト（Bobby Knight）という人物のコーチング・クリニックがバッファロー市の郊外であった。初日はアシスタントコーチのデーブと一緒だったのでよかったが二日目は自分一人になってしまった。英語にまだ不安があったが、それでもクリニックを受けて良かったと思う。これに参加するまではニック・ヘッドコーチといろいろあった。以前はクリニックへ行くことを薦めてくれていたのだけれど、クリニックが近づくにつれてあまりいい顔をしなくなった。「ボビ・ナイトはクレイジーだ」とか「好きではない」と言っていた。しかし、私はボビ・ナイトというコーチを知らないし、1984年ロサンゼルスのオリンピックでU.S.A.のヘッドコーチをしていた人物なのでどんな指導をするのか見ておきたかった。その後で彼への評価をくだしても遅くはなく、せっかくのチャンスを逃す手はないと考えた。確かに、ニック・コーチの下にコーチングスキルを学びに来たのであるが、広くバスケットボールを学ぶと言

ボビ・ナイト (Bobby Knight) のコーチング・クリニック

うことで許してもらった。その後の一ヶ月間は、この2日間の Clinic の参加で引き締まったものになった。アメリカに来てバスケットボールの指導技術を学んでいるなと感じた2日間だった。当日の朝 Clinic へ行く前、VTR. 一式を取りにバスケットボール・オフィスに寄った時、ニック・コーチは自分の部屋で仕事をしていた。ニック・コーチのバスケットボール・オフィスでの作業はあまり見ないのだが、人が見ていないところでちゃんと自分の仕事をやっている。やはり Head Coach は違う。Clinic に行く挨拶をしてデーブに送ってもらった。お互いのコミュニケーションは取れたし気持ちが楽になった。

　ボビ・ナイトは、選手に対して手心を加えず非常に厳しく、少しも容赦しない批評をすることで知られている。私はアメリカに来る前に、日本で開催されたコンバース・ジャパン・コーチクリニックに参加していた。講師は、ミノーム・スチュアート（ズリー大学ヘッドコーチ）、エルドン・ミラー（オハイオ州立大学ヘッドコーチ）、スティーブ・ヨーダー（ウイスコンシン大学ヘッドコーチ）、ノーム・スローン（フロリダ大学ヘッドコーチ）、ジョディ・コンラッド（テキスト大学女子チームヘッドコーチ）、ボブ・ウエルトリック（テキサス大学ヘッドコーチ）、マイク・ハンクス（南アラバマ大学ヘッドコーチ）、ジョー・ディン・ジュニア（南バーミンガム大学ヘッドコーチ）であった。

　やはりボビ・ナイト独特のクリニックだからかもしれないが迫力があった。ボビ・ナイトは「何か新しいことを学んでいる選手には決して苛立つことはなかった。」と語っている。すでに教え、練習し、強調したこと（例えば、基本的なプレイ、決まり、

スカウティングレポートの正しい書き方など）を選手が出来なかった場合のみ苛立ったと言う。彼は、選手にこれまで教えてきたことを実行することを望むだけだった。素晴らしいのは、それ以外のことを決して許さないということである。これらの要求を非現実的だとか、コーチの批判は屈辱的だとか思った選手は、彼のやり方についていけずチームを去った。彼のフィードバックに気づきそれを受け入れた選手はたいてい上達していった、とジョン・ジアニーニは『コートセンス』の中で述べている。

　ボビ・ナイトに会って、しかも2日間のクリニックを受講して彼の指導哲学に触れることができた。彼は命令スタイルのコーチだと語られているが、クリニックを受けた限りかなり知的で要求の厳しさはあるが、選手たちの技術を完璧にしようという情熱は素晴らしかった。ボビ・ナイトの初期のチームは非常に成功したにもかかわらず、後半の指導では選手との衝突が目立っていた。手心を加えずに非常に厳しく少しも容赦せず、あまりにも辛辣すぎると選手との人間関係に支障をきたすので考慮は必要であるが、辛辣な意見は貴重であり成長するには必要なことだと私は思っている。クリニックが終わり、ボビ・ナイトに、日本からバスケットボールのコーチングスキルを学びに来たと伝えたら、じっと私の目を見てスカウティングノートの表紙に、"Best wishes Usaichi" とサインをしてくれ、彼のクリニックからフレックス・オフェンスの指導過程を学んだ。

　帰国後、私の戻った金沢大学のオフェンスはフレックス・オフェンスが中心になった。ボビ・ナイトのクリニックの参加は私にとって新しい発見があり有意義であった。

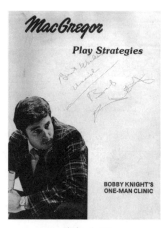

ボビ・ナイト

3．プレイヤーの筆記試験問題：知識テスト

イン・シーズン１か月後からのチームの練習は、カニシャス大学の戦略に基づく戦術練習が主体である。この過程で各選手の評価が行われる。

CANISIUS COLLEGE

BASKETBALL OFFICE

BUFFALO NEW YORK 14208

716-883-7000 Ext.335

CANISIUS COLLEGE BASKETBALL QUIZ#1

1) Diagram the spitz play on the Converse paper.

  ＝解答用紙に spitz play を図で示せ。

2) Diagram the lanes in our fast break and who runs which lane on the Converse Paper also.

  ＝解答用紙に、我々のファーストブレイクではだれがどのレーンを走るのか、図で示せ。

3) How many personal fouls can we commit as a team each game?

  ＝１試合中にチーム全体でパーソナル・ファウルはいくつまで許されるか。

4) How many turnovers can we commit as a team?

  ＝チームでいくつまでターン・オーバーを許されるか。

5) How many offensive rebounds can we allow our opponents each game?

  ＝各試合で相手チームにいくつまでオフェンス・リバウンドを許してよいか。

6) What percentage do we want to shoot from the field in each game we play?

  ＝各試合の FG% は何％が望ましいか。

7) What percentage do we want to shoot from the foul line in each game we play?

  ＝各試合の FT% は何％が望ましいか。

8) What is the least number of rebounders we want on the weak side?

  ＝ウィークサイドにおける最小リバウンド数はいくつが望ましいか。

9) How many points do we want to allow our opponents each game?

　　＝各試合で相手チームに許してよい得点は何点までか。

10)　Name Derrick Russell's girlfriend?
　　＝デリック・ラッセルのガールフレンドの名前は？

GOLDEN GRIFFIN BASKETBALL

4．新チームプレイヤーのお披露目：Cage Club Party

　　カニシャス大学で、今年の新しいチームのプレイヤーたちを見てもらって、バスケットボールシーズンを楽しんでもらおうというお披露目の会が催された。このような会を金沢大学でやったら、多勢集ってくれるだろうか。この会に5年前のことを覚えてくださっていた学長も出席し、挨拶をした。私も学長に会って話ができてよかった。それにしても学長もこの会に出席するのだからこの大学のバスケットボール部は大したものだ。さりげなく出席したというところだろうか。学長は、Player たちとも握手してプレイヤーたちを喜ばせていた。この会を準備するのはニック・ヘッドコーチなのだろうか。家からいろいろの物を持ち込んでいたけれど、終わった後は「今日は疲れた」と言っていた。それにしてもいつこのような段取りをするのだろうか、大変なことだ。それも誰も分からないうちに。これも大したものだと思う。最後は後片付けまでして、細部まで気をつかわねばヘッドコーチにはなれないのだ。金沢大学で催す時には、皆さんに集まってもらってから、帰ってもらうまでどのようにするか、挨拶状も出さねばならないし、経費も考えねばならないし、この作業を誰にやってもらうか、色々考えることが多いようだ。

5．シューティング・クリニックとその内容

　　カニシャス大学主催のシューティング・クリニックを見学した。シュート練習に関する手法を確立させる必要があると感じた。そうすれば、選手のレベルに合わせた指導ができる。様々なシュートの仕方をリストアップしておくことが有効だろう。そのために、多くのクリニックに参加することも必要だ。

　　クリニックを開催することはバスケットボールオフィスにとっても大変だ。業務量は増えるし、人集めや資料の用意、スタッフの手配などもしなければならない。場合によっては、ビデオ教材を使った指導も有効になるだろう。ニック・ヘッドコーチの指導では、一つのセッションを15分程度、8回行い、合計2時間の練習メニューを組んでいた。練習に入る前には、コーチから説明があり、各パートに分かれたあとも

シューティングクリニック

コラム　ギブ・ミー・マネー：バッファローの下町で

　アパートに引っ越してから二週間、周りのことも少し分かり、慣れてきた。バファローのダウンタウン下町に出た。通りを歩いていると背後から、「ギブ・ミー・マネー」と私でも理解できる英語が耳に入ってきた。振り返ってみると身なりの汚い老人が私に手を出してお金を要求してきた。どうして私なのか判らなかったけど、考えることなく全速力で近くの柱をすぐに曲がり人通りの多いところへ逃げた。安全だと思われる人ごみの中で立ち止まり振り向くとその老人が追っかけてくる気配は感じなかった。今思い返して冷や汗の出るような体験であった。

　アパートを決めるとき、ヘッドコーチと下町のアパートを下見した。その部屋は適当に広くて私は気に入った。しかし Nick ヘッドコーチは駄目だという。理由は下町で危ないからだ。次に見学に行ったアパートは、キャンパスに近くマンションの一室であった。ここは安全だと言う。家賃は前のアパートより少し高かった。金は命に代えられない。

　コーチとしての生活が始まると、朝早くオフィスに行って、スタッフ・ミーティング、練習への参加と、当分このリズムが続く。さらにスカウティングの仕事もしなければならない。ヒマがあるときにしっかり先々に自分の仕事をやっておかないとだめだ。疲れは必ずその日に取っておく、そのためには早く寝ることだ。そして早く起きることができれば最高なのだが。それにしても起きるのがつらい。これから寒くなってくるとなおさらだ。ここで負けてはならぬ。起きてからの作業をもう少ししたらよいと思う。起きてからアパートを出るまでの時間を手際よくすることだな。

説明をしてから練習に入る。1日目はフリースロー大会。負けるとコートを5周走らねばならない。アメリカ人らしいやり方だ。2日目はビデオ学習を行い、3日目は参加者同士で競う練習を行った。

コラム 夏から秋へ：サマータイムの終わり

　冬に向かっているのだろう、特に今頃、朝が暗くなり始めた。暗いと、まだ人は寝ているのにと思ってなんとなく起きづらい。暗いのは嫌いである。

　小さいとき妹と二人で留守番をしながら両親の帰りを待った記憶がある。よその家では家族団らんのときであろうに、妹と二人で待つのは寂しいことであった。今ではその記憶もだんだん薄らいできたが、「まだ暗い」というのも、「暗くなる」というのも、なんとなく仕事がやりづらい。

　日が沈むまで近所の子供たちと遊び、夕食時には家に帰る。夏の日が長いのは好きである。冬になれば暗くなるのが早いし寒くなる。当時のことを思い返すと、父は夜間の高等学校に通っていたのだった。よく頑張っていたものだと思う。私はこの頑張りを見て育った。母は朝早くから夜遅くまで仕事をしていた。ともによく働いていた。親の姿勢が子供に反映する。これを見て育った子供が悪くなるはずがないと思う。今、私がこうして頑張っていることが子供たちにどれだけの影響を与えているのだろうか、それは分からない。

　アメリカにはサマータイムというものがあり、その切り替えが10月27日（日）で今日から1時間戻る。したがって8時が7時に戻る。その分、朝は明るく感じるようになるのだが夕方は早く暗くなる。この感じはサマータイムのない日本にいたのでは分からない。1時間が前にいったり戻ったり面白いと思う。そのため、時計を遅らせないまま朝の練習にいつもの通り8時に体育館に行ってしまうと、1時間も早く行ったことになる。誰もいないのは奇妙な感じだが当たり前か。

　サマータイムが終わるとバッファローの紅葉は美しくなると言う。デラウエア公園を散歩すると落ち葉の絨毯の上を歩いているようで気持ち良かった。寂しいことばかりではない。バッファローの冬は厳しいと言う。とにかくこれから冬に向かって進む、体に気をつけて過ごすことだ。

6．ニックヘッドコーチの教え
：いつも練習は試合の鏡の様に

　シーズン後半になると戦略に基づいた戦術練習が多くなる。特にディフェンスの練習が多く行われた。レギュラーミックスの戦術に従い、マンツーマンディフェンス、ゾーンディフェンスの練習に1日の3分2が費やされた。残りの時間は基本的なスポットショット、フットワーク、リバウンドのボクシングアウトといった練習が行われた。選手が技術を試合で発揮するためには全習法が最良である。試合でプレイする様に練習を行うことがシーズン後半の練習方法であった。

7．ニック・マッカーチクのコーチング・クリニック

8:00 a.m.　コーチは全員ケスラー体育館に集合。次のことをする必要がある。

　　　　　　1）スコアボードを用意し、クリスにそれぞれの場所に持っていってもらう。スコアボードにそれぞれの練習時間を書いておく。それによって、どの練習にどれだけ時間がかかるか常に把握できる。

　　　　　　2）上の階のオフィスには4つのテーブルがあり、1つはスターン、1つはデイヴの記録のためにあり、3つ目はシーズンチケットのパンフレットとスケジュール表が、残りの1つにはジョー・タルコのスニーカーが置いてあった。

　　　　　　3）準備室から映写機、スクリーン、リール、延長コードを体育館に出しておく。

　　　　　　4）階下の大きい教室にビデオを持っていっておく。

　　　　　　5）教室でコーヒーを作り、砂糖、クリーム、カップ、スプーン、それとジュース、ジュース用のコップ、ドーナツを用意する。

　　　　　　6）教室にコーチ用のスコアボードを貼り出しておく。

　　　　　　7）チケットの釣銭用に1ドル紙幣を50枚用意する。

8:30 a.m.　スターンとデイヴは上のロビーで受付をする。
　　　　　　みんなに早く来てもらうように伝える。

8:45 a.m.　宇佐一は教室のビデオと、体育館の映写機にコンバースフィルムをセッティングする。

9:00 a.m.　ビデオとコンバースフィルムをまわし始める。記録するための場所を確保する。大人とコーチだけにコーヒーを配る。
　　　　　　注意：出席者に配るためのチケットは少なくとも200枚用意しておく。

チケットは有料である。

9:20 a.m.　ニックはコーチたちと一緒に階下の教室にいる。スターンはディックに受付名簿を渡し、体育館での仕事の役割分担をする。宇佐一は映写機を降ろし、スクリーンと延長コードを持ってコーチのオフィスに向かい、それから上の階の教室へビデオテープを持っていく。スターンはこの時、プレイヤーにビデオを見せる。ビデオを見せた後、彼は、NCAA の新しい大学政策や、大学のコーチが若い学生スポーツマンを捜しているということを話す。

9:50 a.m.　プレイヤーはそれぞれのポジションについて練習開始を待つ

5 ポジション　練習時間は各5分ずつ

10:00 a.m.　練習開始

各プレイヤーのポジションで練習を始める

<u>パス練習</u>

1) ポストパス	5) スキップパス
2) 対面パス	6) チェストパス
3) モンキー・イン・ザ・ミドル	7) バウンズパス
4) 3 メン 2 ボールパス	

<u>シューティングの注意点</u>

1) バランス	5) 目と鼻
2) 頭と肩とバスケットの四角	6) 同じ所にいない
3) ひじ	7) ふらふらしない
4) 指先	8) シュートの選択、時間と得点

<u>シューティング練習</u>

1) スタンス	4) プレッシャー

<u>ディフェンス練習</u>

2) 手を使って	5) ボールを使う、使わない
3) 足使って	6) 障壁、ハンズアップ

<u>リバウンドの注意点</u>

1) いつも逆サイドを考える	4) ウィークサイド
2) 肩より高く手を上げる	5) アウトレットパス

3) 自分のマークマンよりも　　　6) ディフェンスの外側へ
　　一歩踏み込む　　　　　　　　　ピボットする

<u>ドリブルの注意点</u>

1) ヘッドアップ：いつもパスやシュートができるように
2) 指先でコントロール：手のひらではない
3) 不得意な手を上達させる
4) ボールを体でカバーする
5) クロスオーバー、バックドリブル、スピードの変化を使う
6) ドリブルを使いすぎない：使いすぎるとミスが起きる

8．ニック・ヘッドコーチの教え：ゲーム形式の練習方法

　シーズンを迎えて実際の試合になるまでの期間、ニック・ヘッドコーチの指導は、ゲームを取り入れて練習を始めるゲーム形式の練習方法になっている。それは試合の中で実際に出現する場面で必要な技術を習得するためのドリルを組み立てたものだ。ヘッドコーチとしてバスケットボールについての学びが深く、選手がその原理を把握するための一連のドリルが構築できているという事である。さらに、フリーズプレイを試みて選手に答えを与える代わりにどうプレイするのかを質問をする。選手はシミュレーションすることにより試合で何をするべきかを発見していく。これは選手中心の練習法である。試合場面を経験させる方が技術、戦術スキル、両方の向上に有益であるとする、ニック・ヘッドコーチのこれまでの練習方法を観察して、私も考えさせられた。

　ニック・ヘッドコーチの指導法は、スポーツ心理学でいう部分練習と全体練習の関係でも全体練習の割合が多い。

コーチングクリニックの様子

練習組織を見るための評価表

ニック・ヘッドコーチが、コーチング・クリニックを受講した指導者に示した
資料の一部である。

1.　チームにスコアボードが準備されているか

2.　その日の練習予定表がチームのスコアボードに表してあるか

3.　コーチはコーチをする服装をしているか

4.　コーチは練習の時間通りに来ているか

5.　プレイヤーは練習の時間前に集まっているか

6.　コーチは今までの練習ファイルを持っているか

7.　コーチは練習計画表を持っているか

8.　コーチは練習時間の前に十分に練習計画を立てているか

9.　コーチは時々過去の練習計画を振り返って参考にしているか

10.　計画表には各活動について明確な時間の制限を表記してあるか

11.　コーチは各活動の計画におけるそれぞれの役割をもっているか

12.　チームはシーズン中の目標を持っているか

13.　プレイヤーは要求されていることをわかっているか

14.　プレイヤーはゲーム展開を理解しているか

15.　コーチングスタッフは役割を明確に分担しているか

16.　コーチはシーズン前にチームについて話し合いを持っているか

17.　コーチはシーズン前、中、後の 3 つの違った計画を持っているか

18.　チームでは指導者としてコーチを見ているか

19.　コーチはスポーツというものをよく理解しているか

20.　コーチはうまくプレイヤーを誘導する技術を持っているか

21.　コーチは有効に教訓的問題を扱っているか

22.　プレイヤーは練習の間に持久力をつけるような練習をしているか

23.　プレイヤーは試合の状態に直接つながる練習をしているか

24.　プレイヤーはオフェンスとディフェンスのそれぞれの役割を荷っているか

（コーチング・クリニックの資料）

コラム　ボストンの正月：大みそかと元旦

　シーズン中の遠征先のボストンで正月を迎えた。アメリカにいても、正月と言うと「ああ、正月なのだ」となんとなく落ち着かず、日本での暮れから正月の過ごし方が頭に浮かんでくる。年賀状を書いたり、家の片付けをしたり、年越しそばを家族そろって食べて正月を迎える。そして、神社に初詣という行事がある。それに比べて、ボストンの人たちには、日本と違って正月という雰囲気はない。日本の家族や両親のことを思い出して寂しさを感じた。アメリカの正月は、街もオフィスもクリスマス休暇の一日に過ぎない。ただ、３１日の大晦日の夜は新年を迎えるカウントダウンパーティを催して新年を迎える。１月１日は正月の気分はなく、翌日からの仕事の準備をする程度の国民の一休日ということで全く街は静かであった。

　午後から試合前の２時間の練習をした。ランニングを中心にしてあとはシュート練習が主体であった。さすがにこの時は正月を思い出す暇もなかった。

　夕方は、ピートとジョンの両人が、私の誕生日を祝ってくれた。誰から私の誕生日を聞いたのかその心遣いがうれしかった。ボストンの一番古いレストランでシュリンプ料理をいただいた。金沢の甘えびとはまた違った味わいがあった。店員がバースデーケーキを持ってきてケーキのロウソクに火を灯すと、なんと周りのお客さんが私たちの席に集ってくれて"ハッピバースデーUSAICHI"と合唱が始まった。日本でも誕生日は家族に祝ってもらっていたが、まさかボストンでこんな素晴らしい誕生日祝いをしてもらえるとは想定外のことであった。ボストン一古いというこのレストランには、ケネディ大統領のファミリーボックスがあった。アメリカではそれぞれの家族で食事をするときの決まったボックスの席があるのだそうだ。ケネディ家の家族が食事をしている光景が目に浮かび、ほほえましく感じられると共にケネディ大統領から「頑張りなさい」と言われているようにも感じた。忘れられない誕生祝になった。

ボストンで一番古いと言われるレストラン

　ニック・ヘッドコーチは練習中に 2 名のアシスタントコーチに選手を観察させて、それに基づいて 2 つのチームを作らせて、自分はその 2 つの Team の Player の動きを観察している。実際の試合が始まるまで 2 つの Team を競わせて最強の一つの Team を作り上げていくのだ。それはまたゲームの最中に自分が様々な決定を下すためのデータになる。練習の内容は、自分の目で確かめるため必ず Video チェックをやっている。

9．シーズン終盤のゲーム

1）Boston University（ボストン大学）との試合

　1 月 30 日のボストン大学とのホームでの試合では 79 － 61 で勝てた。しかし、3 週間後のアウェーでの第 2 試合は 53 － 75 で負けた。3 週間の違いでなぜこれだけの差が出るのかである。ホームゲームとアウェーのゲームの差にしても差がありすぎる。

　2 月に入って 6 試合をこなし、あと 3 試合を残すのみとなった。その結果によって 3 月 4，6，8 日に行われる NAAC トーナメントの順位と対戦相手が決まる。全米学生選手権の出場をめざしてここからが最後の競り合いになってくる。勝ち切れるかそうでないかの差が出てくる大事な時間だ。優勝するまでどのように展開するかである。体調管理はもちろんであるが、試合までのカウントダウンの間を、心を澄まし、いかに整えるかという課題もある。ニック・ヘッドコーチがチームを最高のコンディションにもっていくまでの過程を学びたい私としても、他のアシスタントコーチとともに最高のサポートをしていきたい。

2）ノースイースタン大学との試合

　ノースイースタン大学との試合は 2 試合行われ、ホームで行われた 1 戦目は 58 － 47 で勝ったが、3 週後の第 2 戦目は 57 － 90 で負けた。遠征して敵地で勝つことは難しい。飛行機で移動し、3 泊 4 日の間に 2 試合を行うことになる。アウェーの日程はシーズンにも影響を及ぼす。3 月に行われる NAC トーナメント戦の直前にアウェーが組まれる場合、負けてトーナメントに入ることになるとチームの雰囲気が悪くなってしまう。

3）ナイアガラ大学との試合

　カニシャス大学とナイアガラ大学は伝統的なアスレティックライバルである。1 月

18 日に行われた試合では 57 － 54 の僅差で勝ち、NAC カンファレンスの最終試合となった 3 月 1 日のゲームでは 62 － 46 で勝つことができた。

10. NCAA 全米選手権試の進出を目指して
トーナメントの試合経過を記述

1) NAC トーナメント：University of Maine（メイン大学）との試合

第一試合は、64 － 57 で勝ち。第 2 試合は 58 － 52 で 2 試合とも勝っている。よほどのことがない限りこの大学に負けることはなかろう。しかし、油断はできない。ゲームの出足がどうも悪いのでこの点に気を付けなければならない。第 3 試合も 89 － 76 で勝利した。ゲームの流れに勢いがあった。ジャクソン選手のチームへのコミュニケーションが良くなった。

2) ラジオ放送のためのゲームスケジュール：試合前のスケジュール

Game Itinerary：試合の展開の予想

Koessler Athletic Center – Buffalo, New York：ケスラー、アスレティックセンター
バッファロー、ニューヨーク

Canisius College versus Boston University：カニシャス大学対ボストン大学

6:00p.m. Ticket window and gates open：チケット窓口と開門

7:05p.m. Pre-game warmups：ゲーム前のウオーミングアップ

7:30p.m. Introduction of starting lineups：スターティング選手の紹介

7:32p.m. National anthem by Mary Ellen Roberts：マリー・エレン・ロバーツによる
国歌斉唱

7:35p.m. Tip-off：試合開始

Halftime　15 minutes：ハーフタイム 15 分間

Lineups：　Players introduced alternately by position：選手のポションごとの紹介

RadioTimeouts：　At 16, 11,and 6 minute mark of each half.：
各ハーフに 16 分、11 分、6 分のラジオタイムアウト

If team timeout occurs within 3 minutes of radio timeout, radio timeout is nullified.：
チームタイムアウトがラジオタイムアウトの 3 分以内に生じたら、ラジオタイムアウトは取消しとなる

Officials：　Roscoe Baker, Mike Lonski, Dick Schaper：公式担当者
ロスコ・ベイカー、マイク・ロンスキー、ディック・シェイパー

Public Address:　Pat O'Brien：場内アナウンサー　パット・オブライエン

Official Scorer:　Dave Thomas：公式記録員デイブ・トーマス

Sports Information:　John Maddock (Canisius)：レポーター

　　ジョン・メドック（カニシャス大学），Ed McGrath (Boston)：エド・マックグラス（ボストン大学）

3）ボストン大学との試合

・試合前のスケジュール

p.m.6:00　チケットの窓口とゲートが開く

p.m.7:05　ゲーム前のウォーミングアップ

p.m.7:30　スターティングメンバーの紹介

p.m.7:32　国歌斉唱

p.m.7:35　試合開始

　　　　　ハーフタイム（15分間）

　　　　　※前後半に、それぞれ16分、11分、6分のラジオタイムアウトがある。

　　　　　ラジオ放送にあわせたものである。

・試合の結果

　ボストン大学との試合は、前半は 35 － 29 で押していたが、61 － 62 で負けた。1点差でも負けは負けである。勝負の世界は厳しい。決勝戦はルイヴィル大学がデューク大学を 72 － 69 で下して優勝校となった。観客動員は 16,493 人であった。カニシャス大学のシーズンはここで終わった。

11．ニック・ヘッドコーチの教え
：試合前のルーティン

　試合30分前になると、スタッフが集められ、ミーティングを行う。スターティングメンバーの発表があり、相手チームとのマッチアップ（誰が誰をマークするか）を確認する。その他にも確認事項は多岐にわたる。チームディフェンスの確認、ウィークサイドのリバウンド、アウトレットパス、自信をもって戦い楽しむこと、などなど。その後、全員で黙想し、ウォーミングアップを 7 分間行う。ミーティングルームに再び戻ってきた後は、静かにゲーム前の心構えをつくる。これがカニシャス大学の試合前のルーティンである。

：ハーフタイムの注意点

　ハーフタイムに諸注意を与える場合、チーム全員に言う。今までのやり方では、ある限られたプレイヤーに言うだけだった。前半10点以内の場合、ゲームを諦めないように注意する。とにかく前半は総力をあげて戦う。相手との差がつかないように。これが自分の役目だ。これだけはコントロールしなければならない。後半戦は、前半でよかったプレイヤーを中心にしてチームで最高のパフォーマンスになるように戦っていく。追い越したら次に良いプレイヤーを出していく。また最後には、最も強いチームになるようにプレイヤーをコントロールする。そのためにも前述したが、多くのプレイヤーを使ってゲームをすることを、日ごろの練習から行う。

第4章　コート外の頭脳戦

1．勝つための情報収集：スカウティング

　アメリカでは対戦するチームに関する情報の収集をスカウティングと呼び重視している。スカウティングにあたって、ヘッドコーチ自ら、時間の許す限り相手チームのゲームを観察することから始める。次に、対戦チームのゲームをVTRに収録する。その資料を分析した結果を選手に知らせ、自チームがどのように対処するかを決定する。練習が終われば、VTRはいつでも選手に見せられるようにしてある。私はバスケットボール・オフィスで、ニック・ヘッドコーチと一緒に次の対戦相手のVTRを見て分析を行った。その時、選手の評価の仕方に違いがあることに気が付いた。アメリカで行われているバスケットボールの試合と、日本でのバスケットボールの試合の質の違いによるものである。アメリカで行うコーチングと日本で行うコーチングの差と言ってもよい。ニューヨークへ遠征に出た時も、暇さえあればVTRで対戦相手ののゲームを観察し、これまでに収集した資料を手元においてメモをしていた。ここで注記したいことは、情報を読み取る技術が、直接次のゲームの勝敗に影響することである。

　スタッフ間のミーティングでは年間のスカウティングについてのスケジュール確認が欠かせない。これから対戦するチームが、どこでどの相手と試合するかを事前に確認する必要がある。日常の練習をこなしながら対戦相手の試合を偵察し、次期シーズンのため選手の勧誘、コーチング・クリニックの開催と仕事の量が半端ではなかった。勝つということに関して、できることは何でもやるという姿勢で臨んだ。バスケットボール・オフィスとスタッフの関係が良くないとここまで作業はスムーズに進まないであろう。スタッフ一人ひとりの能力とオフィスの組織が良く機能しているということの証左であった。カニシャス大学の1985-1986年についてのスカウティング・スケジュールを付録に示す。

対戦するチームの偵察：Scouting of game

　スカウティングのためには相手チームが試合をしている場所まで行かねばならない。移動に往復 8 時間かかることもある。各々の試合は午後 7 時から始まることが多いため、Buffalo を出発するのは大抵昼過ぎである。当地に着いて食事をとり、少し早めに体育館に行き、高い位置の席に座る。

　Scouting Report に従って記録をつけるには慣れが必要だ。Game の見方としては、相手チームの勝ち方、弱点分析、課題の発見、防御の仕方、などである。それぞれの情報のまとめ方、生かし方、を考えながら Game を観察する必要がある。資料だけが多くあっても役に立たないものだ。

スカウティングをするための準備と内容

　スターンアシスタントコーチからスカウティングの考え方について学んだことは、勝利するためにはいかに戦うべきかと、自分のチームにとって何が欲しい情報なのかを明確にするということである。

相手チームのスカウティングする準備：

1．　スケジュールの調整
2．　相手チームを把握しておかねばならない
3．　相手チームの試合を VTR に撮っておく
4．　相手チームのスケジュールを確認
5．　事前にチケットを準備しておく
5．　相手の試合前 30 分には試合会場にいること
7．　相手のウオーミングアップの時から観察する
8．　スカウティングノートを持つこと

スカウティングの内容：

1．　最初の 5 分から 10 分間、相手チームの特色を把握する
2．　プレイヤーの癖をみる
3．　リードガードをしっかり観察する
4．　何種類のパターンを持っているか
5．　ハーフタイムの時に、ゲームをどのように思ったかノートをとる
6．　セカンドハーフの始め、ジャンプボールの位置取りはいかに

7.　アウトオブバウンドのポジショニング

8.　ワンチャンスショットは

9.　相手のプレスディフェンスは

10.　帰ってきたらすぐに資料整理

2.　ミシガン州立大学（MSU）のスカウティング

　ミシガン州立大学は全米屈指のバスケットボール校の一つである。同チームのチェコスロバキアナショナルチームとの試合を偵察した。

　バッファローからミシガンまで6時間かかる。カナダを経由していくから、私にはパスポートが必要になる。カナダのアンカスターでは屋根に白く雪が積もっていた。もう冬が始まっている。昼に出発し、まず腹ごしらえをとバッファロー大学の近くにあるレストランで食事をとった。日本の赤軍派が活動していた時分であったので、カナダに入る時には、パスポートを入念にチェックされた。デトロイトに到着したのは夕方であった。何とか試合前にミシガン州立大学の体育館に到着し、ゲームを偵察してバッファローのアパートに帰り着いたのは翌朝の3時だった。バッファローからミシガン州立大学の往復に13時間かかったことになる。戦う相手チームの情報を得るために人と時間と経費をかけて偵察する。スカウティングの重要性を感じさせられた。

ミシガン州立大学の選手とスタッフの写真

ミシガン州立大学のスカウティング レポート結果

アシスタントコーチのスターンが作成した資料を下記に掲載する。

<u>Michigan State Report</u>

<u>Players</u>

#4   Scott Skiles — 6'1" 190 lbs. – Sr. - best point we may play against all year. Very good jump shot to 23' Will take it to hoop. Tough kid. Defend.

#13   Darryl Johnson – 6-2 170 lbs. – Jr. Maybe best 2nd guard we will face., very good speed ,quicks and leaper. Loves to penetrate and pull up 10-15'. Long arms.

#23   Vernon Carr – 6'6" 205 lbs. – Jr. one of the best Juco player in country last year. Can and will lead team with ball on fast break. Dynamic penetrator "Box Out" Draw charge, Jump shot16"/

#35   Larry Polec – 6'8" 205 lbs – Sr. Power forward who prefers taking jump shot to 20'. Better than average, speed, quicks and jump. Very good jump shot, will put it on floor.

#40   Barry Fordham – 6'8" 215 lbs. – Jr. Playing center- but really a power forward. Limited to 8' and in. "Box out". Take it to him offensively with quickness.

<u>Subs</u>

#45   Carlton Valentine – 6'6" 215 lbs. PF,

#42   Todd Wolf – 6'5" -

#44   Scott Sekal 6'8"

<u>Defensively :</u> 1)Mostly 2-3 Zone Match-up 2) M-T-M 3) Some 1-2-2 4) F-C M-T-M
Offensively : Want to fast break with 3 perimeter players Skiles, Johnson, and Carr whenever they can.   In set offense these these same three have a "green light" to shoot and penetrate anytime they can.   Interior people will get it when left open.

Comments – What we must do to win

1) Get back defensively as a team. Contain their break.

2) Contain Skiles, Johson and Carr as beat as possible.

3) Rebound outlet and run; take easy shot when there.

4) Get the ball inside and be patient on set offense.

　試合に先立ちカニシャス大学にて朝練を行った。試合当日は4時に起き、アパートを出発した。朝6時から練習を行うのは初めてのことであった。練習に遅刻した選手は、ペナルティーとして赤いレンガを二つ持ってコートを走った。

試合後の反省

　ミシガン大学は強かった。

　Canisius College とは Basketball の質が違う。さすがに Big Ten と称されるのことだけはあった。激しい戦いの積み重ねが生んだ戦略・戦術なのであろうか。Defense は 2－3 Zone Defense。Offense は Double Stack。完全な Control Basketball だと思った。我々は相手チームに囲まれて戦わなければならなかった。崩すためにはこちらの Offense が必要だと思った。相手の Foul を誘発させるべく動く。相手が Zone を敷いていても、Center を狙って攻める。あとは、チェコスロバキア戦で見た外からの Shoot も有効だ。以前に見たミシガン大学とは印象が全然違っていた。#4 Point Guard がいい動きをしていた。Guard がいるのといないのとではこうも違うものだろうか。Guard の大切さが身にしみてわかった Game でもある。

　ミシガン大学の選手は精神的能力の水準が高い。これは日本の大学も見習うべき点である。

3．遠征旅行：アウェーの試合

　ディヴィジョンⅠのチームにとって遠征試合は大きな経験になる。遠征先で長時間を過ごすことは、人間関係を強める機会になる。チーム内での食事、遠征中の服装、練習に行くユニホームもチームのまとまりに一役かう。私にもコーチングスタッフが着るユニホームにシューズとバッグを支給された。宿泊するホテルも一流である。街の中での行動も一流であり、"チャンピオンになりたければ、チャンピオンのごとく振る舞え"と教えられた。遠征の旅程は表付録に示す。

コールゲイト大学に遠征した記録（1986）

3:00p.m.　-　Practice at KAC：KAC 体育館で練習

5:30p.m.　-　Bus leaves from KAC. Dress casually. We stop at the Ponderosa on Main Street to eat.：KAC 体育館から出発。服装はカジュアル、食事のためメインストリートのポンドローサに立ち寄る

9:30p.m.　-　Check into the Colgate Inn

On the Green

Hamilton, New York 13346

Phone 315-824-2300

11:30p.m.　-　Curfew

Tuesday, January 28

9:00a.m.　-　Wake up：起床

9:30a.m.　-　Meet in the hotel lobby. Breakfast as a group
：ロビーに集合、朝食はグループで

10:45a.m.　-　Meet in the hotel lobby. Depart for shooting practice at Colgate University
ホテルのロビーでミーティング、コールゲイト大学でシューティング練習

11:00a.m.　-　Shooting practice at Colgate University：
コールゲイト大学でシューティング練習

2:30p.m.　-　Meeting in Coach Macarchuk's room：マッカーチクの部屋でミーティング

3:30p.m.　-　Meet in the hotel lobby. Pre-game dinner as a group.
ホテルロビーで集合、ゲーム前の夕食はグループで

6:15p.m.　-　Meet in the hotel lobby. Dress in game uniforms.
Depart for Colgate University.
ホテルロビーに集合、ゲームユニホームの服装、
コールゲイト大学に向けて出発

7:30p.m.　-　Colgate game. Bus departs immediately after the game for Buffalo.
Dress casually.
コールゲイト大学でゲーム、ゲーム終了後ただちにバッファローに向かう。服装はカジュアル

Wednesday, January 29

3:00p.m.　-　Practice at KAC：ケスラー体育館で練習

コラム　スペースシャトル・チャレンジャー1号の惨事

　ニック・ヘッドコーチから、「宇佐一大変なことが起こった。エキスプロージョン（explosion）だ」と言われその意味が語彙不足のため分からなかった。テレビに映った光景を見て初めてスペースシャトルが爆発したことを知った。ニューハンプシャーの出身で学校の先生をされていたクリスタ・マコーリフの教壇に一輪の花が捧げられていた。次にレーガン大統領の追悼画面が映った。私はテレビに釘づけとなった。「悲しみの中にある我々は宇宙に向かって挑戦する」というメッセージを聞いて奮い立った。今の私に何ができるかと自分に問うた。ひとり日本からアメリカに渡って自分にできることは何か。その時頭に浮かんだのは吉田松陰先生の辞世の句「身はたとひ武蔵の野辺（のべ）に朽（く）ちぬとも留め置かまし大和魂」であった。私の日本人としての日本を思う魂を忘れてはならぬと思った。私にとって、コールゲイト大学は忘れられない大学になった。試合結果は60対51のロースコアー展開となりカニシャス大学が勝つには勝ったが、重い気持ちで帰路についた。

マンスフィールド大学との試合

　マンスフィールド大学は負ける相手ではない。

　練習では、もっと強い相手を想定したトレーニングに切り替えた。例えばコーネル大学との試合の反省に基づいた練習のほうがよいだろう。

　ゲーム全体としては、引き締まっていたように思う。全員がディフェンスの意識を持っていた。Transition がしっかりしてきている。途中、Offense が悪く、回りきれていない。動いて、相手の Weak Side を狙うように練習することが必要だ。Tim に Ball を集めることはいいのだが、Inside に Ball を入れて攻撃できたらいいと思う。そのためには、ポニー（Pony）とハイノルド（Heinold）の二人を育てなければならない。

　ニック・ヘッドコーチはレーン（Lane）の概念をよく使う。難しいが、このレーンを理解できていないと Team の Offense が機能しない。次に、Defense について、ギャンブルをしないようにすること。Ball Side をしっかり守る練習が必要だ。Offense については、もっと Formation を覚えることだろう。多くの Player を使う場合、必須となる。

セント・ボナベンチャの偵察

　St. Bonaventure へ Scouting へ行くことになった。

　スターンがその日は雪で、事前に電話で、ゲームはあるのか、高速は通っているのかを確かめていた。旅をする前の常識と言ってしまえばそれまでだが、事前のチェックは重要だ。

　St. Bonaventure University に到着したのは、前半が終わった後だった。それでも、後半戦だけでも観戦できたのでよかった。五年前に来た時は、太鼓の音や学生の応援に驚き、ゲームどころではなかった。観衆の多さに驚いているうちに負けたという記憶がある。この時ほどアウエーで勝つのが難しいと思ったことはない。アウェーの判定の不利はもちろんだが、観戦している人たちがみな敵、この要因は大きい。この中で勝つためにはよほどの力を持っていなければ勝てない。逆に、応援されすぎてプレイヤーがあがってしまうこともある。応援してもらっているなかでの練習、試合を経験しておかなくてはならない。それも一つの練習なのである。この経験が多くなるほどあがらなくなる。指導者は、観衆とプレイヤーとの関係の中での技術ということにも日頃から留意しておかなければならない。両親が見に来たり、恋人が応援したり、日ごろ身近にいる人々が突然会場に現れた時の心の動揺。この心の動揺はいつも行っ

ている行動、技術を狂わせることがある。なんでもないことであるが、心に隙間ができる。隙間をどのようにして埋めるかが課題だった。

4. リクルートの成功はチームの勝利

アメリカでは、土曜日と日曜日は休みである。バッファローの地下鉄も動かなくなる。それなのにバスケットボール・オフィスのコーチは、少しでも良い選手を集めるためにと動き回る。365日がリクルートなのである。ニック・ヘッドコーチが話していた。「アメリカのリクルートはクレイジーだ」と。

ある時、ニューヨーク西部地区のトップ50人のプレイヤーを観察できる機会があった。その中に勧誘したい選手が3人いると言う。ビラノバ大学、ノースカロライナ大学から手が伸びていると聞いた。身近にいる選手も他の大学にとられるかもしれない。また、自分たちもアメリカ全土をくまなく見て回り、いい選手がいれば声をかけて動き回る。飛行機で飛び、レンタカーを使い、何日もホテルに泊まり込んでリクルートする。何年もリクルートを続ける仕事をしているとクレイジーだと思うようになるのかもしれない。おのずとアシスタントコーチの務めとなり力量が問われることとなる。シーズンが終わるまで、ヘッドコーチもアシスタントコーチも休みがない。

コラム　日本人コーチがリクルートの ABC を学ぶ

　リクルーティングの成功は、チームの勝利につながる。来シーズンの構想に応じて選手の補強を行う。欲しいと思う選手が出場するゲームは、アシスタントコーチが必ず観戦する。大学の練習が終わっていれば、ニック・ヘッドコーチもゲームを観戦し選手と話をしてくる。ある日、バッファローから自動車で約5時間余りのオハイオ州のクリーブランドまで、ヘッドコーチとアシスタントコーチに同乗させてもらって、3人で欲しい選手とその両親に会いに行った。それが終わってヘッドコーチの家に到着したのは真夜中2時過ぎであった。次の朝、大学の練習に出かけるのだから大変である。リクルーティングがいかに大変で重要であるか身をもって知らされた。

Japanese Coach Learns The A-B-C's of Recruiting

By ALAN PERGAMENT

NICK MACARCHUK
Showing the Way

リクルーティングのことを伝える新聞記事

5．ニック・ヘッドコーチの教え：褒めること

　ニック・ヘッドコーチはとにかく選手を褒める。これだけ褒められれば選手も嬉しいだろう。選手は注意や批判を素直に受け入れられる者は少ないが、良くやっているとほめられて気分を悪くする者はいない。私は、褒めるという行為は選手が以前はできなかったことが、できるようになったときに行うものだと思っていた。しかし、ニック・ヘッドコーチは、プレイ中でも、Perfect、Excellent、Good、Very good execution とにかくほめることはないかと一生懸命探しているようにさえ思われた。それは指導、教育の基本技術であるように思えた。しかし、褒めるには自信が必要で、生半可な技術では自信をもって褒められない。怒りの指導から褒めの指導へ。褒める指導は難しいが、指導も練習することで身につくものである。

コラム　ヘッドコーチ宅でクリスマスを過ごす
：Merry Christmas～アメリカの年の暮れ～

　日本にいたのでは、これだけ静かなクリスマス・イブと年末を迎えることはできないであろう。Office はとても静かである。クリスマスの休日は、ニック・ヘッドコーチ宅でお世話になった。クリスマス・イブ前からクリスマスの日まで、アメリカ人はクリスマスをとても楽しみにしているし、大切に思っている。テレビでもクリスマスに関連した番組が多い。日本ではこれだけの番組を組まないであろう。

　子供達はサンタさんからの贈り物を楽しみにしている。ニック・ヘッドコーチも両親から3人の子供達にプレゼントを贈った。子供達もそれぞれにプレゼントを準備し両親へ、とてもほほえましくいい光景だった。こういう家族関係が続く限りアメリカは大丈夫だ。

　我が家もこうありたいと思う。"親と子の関係"が問題にされている今日、とてもいい経験であった。Nick さんありがとう。子供達の誕生日、妻の誕生日、私たちの結婚記念日、クリスマスプレゼント、我が家にとって重要な催し物である。

第5章　カニシャス大学のポスト・シーズン

1. シーズン後の過ごし方
バスケットボール・オフィスにシーズンオフはない
　シーズンが終われば今シーズンの整理をして反省し、来シーズンの準備を始め、ポストシーズンではカニシャス大学主催のサマーバスケットボールキャンパスも行われる。

2. カニシャス大学の 1985〜1986 シーズン試合結果：
　1985-1986 シーズンは 21 勝 8 敗の試合結果であった。
Coach : Nick Macarchuk

1.	○ 67		Cornel	61	AUD	7:35
2.	○ 82		Mansfield	67	KAC	3:00
3.	○ 67	@	Iona	54	Away	7:35(1)
4.	○ 76		Clarion State	50	KAC	3:00
5.	× 61	@	Michigan State	90	Away	7:30
6.	× 63	@	Hartford	68	Away	7:30
7.	× 63	@	St. Bonaventure (OT)	64	Away	7:30
8.	○ 80		Duquesne	62	AUD	7:35
9.	○ 69	@	Vermont	66	Away	3:00
10.	× 58	@	New Hampshire	60	Away	3:00
11.	○ 74	@	Siena	52	Away	7:30
12.	○ 52		Vermont	51	AUD	9:00 (2)
13.	○ 64	@	Maine	57	Away	7:30
14.	○ 57	@	Niagara	54	NFCC	7:30
15.	○ 51		Colgate	50	Alumni Arena	7:00 (3)
16.	○ 76		New Hampshire	49	AUD	7:35
17.	○ 60	@	Colgate	51	Away	7:30

18.	○ 79		Boston Univ.	61	AUD	7:35 (1)
19.	○ 58		Northeastern	47	AUD	9:00 (4)
20.	○ 78	@	St. Francis, Pa.	70	Away	7:30
21.	○ 60		Siena(OT)	58	AUD	2:05
22.	○ 58		Maine	52	KAC	7:35 (1)
23.	× 68		Dayton(NFCC)	69	NFCC	9:00 (5)
24.	○ 72		Hartford	60	KAC	7:35
25.	× 53	@	Boston Univ.	75	Away	8:00
26.	× 57	@	Northeastern	90	Away	7:30
27.	○ 62		Niagara	46	AUD	8:05
NAC Tournament						
28.	○ 89		Maine#	76	TBA	TBA
29.	× 61		Boston Univ.#	62		

・上記の表は 1985〜1986 年試合の最高得点と最低得点の結果を示した表である。

3.　バンクエット（Banquet）で Basketball Season は終わる

　シーズン終了のパーティーをバンクエット（Banquet）と呼び、200 人近い人が集まる。日本でいうところの 4 年生の追い出しコンパに相当する。デムスク学長も出席し、午後 8 時頃からディナーとともに会が始まる。

　後半に資金援助をしてくれた Cage Club の人たちの紹介がある。次に Head Coach から Player の紹介を兼ねて 4 年生へ言葉が贈られる。

　ニック・ヘッドコーチの話はまず、私との出会いから Recruiting について話をし、次にマネージャー2 人を紹介し、そして次々と Player を紹介した。最後にトレーナー、医者、アカデミックアドバイザーへの感謝を述べた。

バンクエット次の日の Player meeting

　バンクエットの次の日から新しい Season が始まるが、その前にカニシャス大学のサマーキャンプの準備がある。このサマーキャンプは、バスケットボール・オフィスの収入源でもある。地域の小・中・高校生へパンフレットを配布して回り、子供たちのサマーキャンプへの参加を募る。これは第 2 アシスタントコーチの仕事である。その間、ヘッドコーチは休養している。ポストシーズンの時期には練習だけでなく、選

手の学校の成績、ガールフレンド、アルコール、アルバイト、なども気にかけておく
必要がある。

　選手の生活面まで含めて1つ1つしっかり押さえておかないと、勝てるチームにな
らないということだ。自分は押さえがまだ弱かったように思う。

4. バスケットボール発祥の地：スプリングフィールドカレッジ

　私にシーズンオフはない。桜の木は、花弁が散った瞬間から翌春の開花を目指して
活動を始めるという。Assistant Coach の Stan Pelcher にバスケットボール発祥の地
である Springfield College にアポイントを取ってもらった。幸いにも Stan は
Springfield College の大学院を出ているという縁があった。何かにつけて良き出会い
が良きことの始まりになる。

　Springfield College で行う作業を5つに絞った。①歴史調査②バスケットボールの
ルールについて調べる③ゲームの変容の調査④バスケットボールの論文調査→カード
に記入⑤学内の様子を写真やビデオに撮ってくること。

Springfield College 訪問の収穫

　旅からはいろいろなことが学べる。今回は大学図書館であるボブソン・ライブラリ
を利用させてもらった。退官された教授と話をし、"Mind − open − attitude" という
考え方を教わった。ビリックのスポーツ心理学の授業に出席させていただいた。次期
ヘッドコーチに内定しているホイッスルにバスケットボールの授業参観をさせてもら
った。3週間の滞在は、あっという間に過ぎ去った。

スプリングフィールド大学

　Basketball の Rule に関しての文献を集めるのが主要な目的であったのだが、いざ文献収集にかかると、どれから手をつけてよいか分からないぐらい資料が大量にあった。うれしいことであるが、3週間は短すぎた。事前にシーズンが終わった後の仕事をもう少し明確にしておくべきだった。あと2ヵ月、大切にしなければならないと思った。

　ケンタッキーへ足をのばし、ルイヴィル大学を視察した。ケンタッキー・フライド・チキンの発祥地で、バケツのような大きさの容器の中にフライドチキンを入れて在学中の難波君と2人で食べた。

　バッファローに帰る日はあっという間に来た。最後の1週間は特に短かった。滞在中に少しずつでよいからパッキングをして荷物を送ることで、帰りの準備にかかる時間を減らせただろう。

Springfield College の旅を終えて

　Springfield College には日本の学生やアジアの学生がいた。難波克己君、安保瑞栄さん、井上準之助君、関君などである。難波君は6年間もアメリカに滞在して、今はティーチングアシスタントをしているという。ほかの人たちはまだ若く、アメリカで頑張るしかないという意気込みのもと学業に精を出していた。

　井上君は、Hong Kong の学生と共に生活しているのであるが、日本人が少なくて

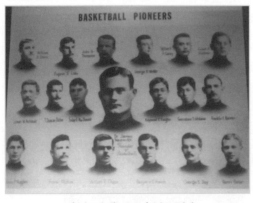

バスケットボールのパイオニアたち

スプリングフィールドの
バスケットゴール

心細かったそうだ。そこに、私が途中から同じ寮に入ってきたので食堂で日本語が話せることがとてもうれしかったという。私とて同じことである。Canisius College には、日本からの留学生は一人もいなかった。そのため、私は自分を抑えなければならず、計画を立てても事態が次々と変わる見通しのなさを Assistant Coach の Dave との関係で味わっていた。しかし、このことを通じてこそいろいろな人たちがいるということがわかったし、そのお陰で自分を磨くことができ、多様な人に対応をする経験ができたのだ。井上君とて同じだ。日本にいたら怒っていたであろうことに対して、それを我慢して他人と合わせて行動できるようになった。これからもいろいろ問題が起こるであろうが、じっくり適応しなければならない。どのようになろうとも時は流れ動く。ちなみに、難波君とは平成 19 年 11 月 25 日（日）、日本のスポーツ心理学会で 22 年ぶりに再会することができた。

コラム　人生に字幕なし

　藤田、富士 両ご夫妻のお誘いを受けて、ノースパークにある映画館で黒澤 明監督の『乱』を鑑賞した。『乱』は、シェイクスピアの悲劇『リア王』や毛利元就の三本の矢を題材とし、戦国時代の老武将、一文字秀虎と三人の息子の相続争いを描いた作品である。私は大学時代を毛利家ゆかりの広島で過ごしたこともあり、感慨深くこの映画をみた。アメリカでみる日本映画は、画面の下部に英語の字幕が示される。音声は日本語なので、私たちは時間差なく映画をみているが、館内のアメリカ人たちは字幕を読んでいるので少し遅れて反応する。日本では経験しえないことだった。映画館を出ると、私はアメリカで字幕のない時間を過ごしていることに気がついた。これから歩んでいく人生にも字幕はない。そのことに気がついた午後のひとときであった。両夫妻に感謝である。

5.　Season を終えると

アメリカのカレッジバスケットボール界は人の流動が激しい。

Canisius College も同様である。First Assistant Coach のスターン・ペルチャーが転職のため、新しい Assistant Coach が来ることになった。

Head Coach たちも異動する。日本にも来たことのあるオハイオ州立大学の Head Coach、エルトーン Miller が他の大学へ移り、Northeastern Univ. のカフーンが、コネティカット大学へ。St.Bonaventure のオブライエンが Boston College へ、などである。

コーチたちもより収入のある Position へ、より強い team へと動いていく。Assistant Coach だって同じことだ。常に Challenge をしている。負けたものは去っていくしかない。とても厳しい。

そのため Coach の仕事は不安定である。アメリカのバスケットボールはチャレンジし続けるから強いのかもしれない。この Challenge する構え、姿勢がなかったら、ここまで Basketball は盛んにならなかったであろう。

6.　サマーバスケットボールキャンプ

夏にバスケットボールキャンプが催される。オフィスではパンフレットを作成して、小・中・高校に対して宣伝した。ヘッドコーチはシーズン後の選手を慰労するため自宅でバーベキューパーティーを行っていた。サマーキャンプの準備はアシスタントコーチを中心に行われる。

キャンプで指導するコーチ役を、近隣の高校のコーチにお願いする。選ばれたコーチはみな特色があり素晴らしかった。プロ意識が高く、選手に対してもバスケットボールの技術向上のみならず、彼らの人生のことまで考えていた。特にロミオ・コーチのエネルギッシュな指導は子どもたちに人気だった。

サマーキャンプで学んだことのひとつは、指導する側のコーチも規律を守り、気を配ることだった。時間は厳守し、コートの外であっても子どもたちのふざけ合い、悪い態度を許さない。技術指導にあたっては、言葉で多くを指示しすぎないようにし、実際にやってみせる。簡潔なことを繰り返し続けさせることで指導が安定するということを学んだ。子どもたちへの指導は難しいが、日本に帰ったら何らかの形で子どもたちへのバスケットボール指導に関わりたいと感じさせられた。

コラム　マディソンスクエアガーデンにて NIT を観戦

　春休みのほんの短い期間ではあったが、私のバッファロー滞在中に家族を呼び寄せた。冬の厳しさに耐え、家族のみんなひとり一人がよく頑張ってくれた。妻の順子をはじめ、朋一、篤子、裕子、皆アメリカは初めてである。物の見方、考え方の違いを知るいい機会であると思う。３月２７日、ニューヨークケネディー空港にて出迎え、半年ぶりの再会、みんな元気そうなので安心した。順子もここまで準備するのは大変だったと思う。これも一ついい経験をしたのではなかろうか。子供たちは飛行機の中でも元気だったらしい。冬の厳しさに耐え、また立ち向かった後の姿が見受けられた。空港から Penta Hotel に向かうタクシーの運転手はタイからの移住だそうだ。アジア人ということもあって気持ちが少し楽だった。Hotel に着いて一休み。ニューヨークで私の役目は、家族でエンパイヤステートビルディングを見学、アメリカを離れるときの飛行機の再確認、この２つである。エンパイヤステートビルディングは、前日下見をしておいたのでスムーズに案内できた。天気も良かったし、上からの眺めは遠くまで見ることができた。アメリカは広い。それから、日航事務所まで歩いた。これがとても子供たちには辛かったようだ。タクシーを拾おうにも止まってくれない。受付の待合室で子供たち３人は寝てしまった。日本を離れてから寝てないらしい。それでも帰りは歩いて Hotel まで行った。途中、日本のうどんを食べて夕食にした。とても美味しかった。店を出る時にガムを３つもらった。前日ここで、夕食をしておいてよかった。ホテルに到着した時、今マディソンスクエアーでバスケットボールのゲーム NIT（全米招待選手権大会）をしていると聞いた。息子と娘をつれて３人で会場に急いだ。幸いチケットを取ることができて試合を観戦した。その時の試合は、かつて日本でもコーチング・クリニックを受講していたエルドン・ミラーが率いるオハイオ州立大学チームのゲームであった。

デムスク学長と家族（学長室にて）

7. バスケットボール・オフィスを去り行く人：スターン・ペルチャーさようなら

　第一アシスタントコーチのスターン・ペルチャーは、バスケットボール発祥の地、スプリングフィールド大学の修士課程を修了し、ボストン大学の博士課程に進んだ人物である。ヘッドコーチになるべく努力してきたが、その夢を達成することなくバスケットボール・オフィスを去っていった。アメリカという国は、何事にもチャレンジさせてくれる自由はあるが、力のなき者は去らねばならない。この厳しさがあるからこそ、アメリカのバスケットボールは強いのだと思う。1シーズンという短い期間ではあったが、彼とともにアメリカのバスケットボール・オフィスで経験したことは、何物にも代え難い貴重な体験となった。彼からは、バスケットボールに関することばかりではなく、大学教員としての研究方法に関しても影響を受けた。彼からスプリングフィールド大学のビリック教授を紹介してもらい、スポーツ心理学を受講させてもらったり、バスケットボールの文献を紹介してもらったり、ボブソン・ライブラリに自由に出入りできるようにしてもらった。ホイッスル先生のバスケットボール授業も参観できた。さらに、ジム・レーヤの『エクセレンス』という著書を紹介してもらい、メンタルトレーニングの研究を深めることができた。つくづく人との出会いの大切さを思う。

8. 新しくバスケットボール・オフィスに来る人
　：スタン・ヴァン・ガンディようこそ

　スターン・ペルチャーの送別会を終えて一息する間もなく新しいアシスタントコー

サマーキャンプの様子

チを決めなくてはならなかった。セカンド・アシスタント・コーチのデイヴではまだ荷が重たく、次のアシスタントコーチとして、スタン・ヴァン・ガンディを迎えることになった。カニシャス大学に来る前の彼の経歴は、ヴァーモント大学のコーチである。1985年からカニシャス大学でアシスタントコーチを務めることになったが、その後彼は、1995年にNBAのマイアミ・ヒートのアシスタントコーチに招かれ2003年までパット・ライリーヘッドコーチを補佐した。2003年には同チームのヘッドコーチになった。

9．アメリカで仕事をしてみて

　慣れない環境では何をするにも時間がかかる。例えば報告書を作成するにも必ずデータを用意しなければならない。日ごろからデータの整理をしておかなければ、あとになって倍以上の時間がかかる。余計な作業をしなくてもよいようにアウトラインをしっかり頭の中に入れておかねばならない。作業過程に誤りがあると思わぬところで時間を費やし良い仕事ができない。データ整理については空きの時間、つなぎの時間にできるだけ作業しておかねばならない。これをやっておけばやっておくほど仕事が楽になる。効率よく運ぶということだ。ここに仕事をうまくやる秘訣があるように思えてならない。仕事の効率のあげ方についてはスターンから学んだ。

　仕事を効率よくやろうとすれば、

　　①机の上を常に片づけること

　　②データを階層毎にわける

　　　　a．ゲームからとってきた生のデータ

　　　　b．生データをまとめた資料

　　　　c．統計的な処理を施した資料

　　③データが何を語っているか。そのためにほかの文献も必要になってくる

STAN VAN GUNDY
Assistant Basketball Coach

スタン・ヴァン・ガンディ

④日々の業務についてこまめに記録を取り、どんな手紙がきてもすぐに返事を書くこと

⑤電話をよくかける

⑥ファイリングをすること

**CANISIUS COLLEGE BASKETBALL
2001 MAIN STREET
BUFFALO, NY 14208
(716) 883-7000 EXT. 252**

SUMMER 1986

PELCHER RESIGNS; VAN GUNDY HIRED

Assistant basketball coach Stan Pelcher resigned to accept a financial planning position. Pelcher spent four years with the Canisius program and was instrumental in the Griffs' 71 victories over this period. His duties included recruiting, scouting, scheduling and assisting with practice.

Stan Van Gundy, head basketball coach at Castleton State College (VT) the past three years, has been selected as Pelcher's replacement. He also served as an assistant at the University of Vermont for two seasons. Van Gundy compiled a 68-18 record at Castleton State after inheriting a program that had never won more than 14 games in a season. His three clubs went 26-2, 23-7, and 19-9, and advanced to the NAIA championships in 1985. The 26 year old Van Gundy was selected the 1983-84 Coach of the Year in NAIA District 5, Mayflower Conference, and the state of Vermont.

He is a 1981 graduate of Brockport State where he graduated Summa cum laude with a bachelor's degree in English and Physical Education. For the Golden Eagles he lettered four years at point guard, and fell five free throws shy of tieing a national record for consecutive free throws made. Stan connected on 53 straight at one point.

Coach Nick Macarchuk said, "I think Stan will be a tremendous asset to our program." He comes from a basketball family, knows the game, and knows the importance of academics."

Van Gundy's father, Bill, is the head coach at Genesee Community College in Batavia, NY, while his brother Jeff is a graduate assistance with Providence College.

MACARCHUK HONORED

Canisius head coach Nick Macarchuk was named Division I New York State Coach of the Year by the New York State Basketball Coaches Association. Macarchuk led the Griffs to a 21-8 mark in 1985-86. The 20-win season was the second in a row for Macarchuk and Canisius. It was the first time the Golden Griffins have had back to back 20-win seasons in their 75 year history. Macarchuk will be presented with the award at the Fifth Annual Converse Coaches Clinic, Sept. 18-20, in Schenectady, NY. Nick was previously honored as the 1982 District I Coach of the Year, and the 1984 Coach of the Year in the NAC. He has completed nine seasons at Canisius with a 133-116 record.

1986-87 SCHEDULE SET

The Golden Griffins will tackle a 27 game slate next season with 13 home games, 13 away contests, and one at a neutral site. Canisius will play nine games in Buffalo's Memorial Auditorium and will be a part of six doubleheaders. The Griffs open their season at the AUD against Iona.

DATE	OPPONENT	SITE	TIME
N 29	IONA (1)	AUD	8:35
D 6	CLEVELAND STATE	AUD	7:35
11	U/BUFFALO (2)	AUD	6:30
13	Syracuse	Away	8:00
20	ST. BONAVENTURE	AUD	7:35
22	Cornell	Away	7:30
28	Cleveland State	Away	8:00
30	Bowling Green	Away	8:00
J 2	COLGATE* (3)	Alumni Arena	6:30
4	Siena*	Away	TBA
8	New Hampshire*	Away	7:30
10	Northeastern*	Away	2:00
13	BOWLING GREEN	AUD	7:35
16	Hartford*	Away	7:30
19	NEW HAMPSHIRE*	KAC	7:35
22	SIENA*	AUD	7:35
24	VERMONT* (4)	AUD	8:35
29	Maine*	Away	7:30
31	Boston Univ.*	Away	1:00
F 5	MAINE*	KAC	7:35
7	NORTHEASTERN* (5)	AUD	8:35
10	HARTFORD*	KAC	7:35
12	Colgate*	Away	7:30
14	Niagara*	Away	7:30
18	Vermont*	Away	7:30
21	BOSTON UNIV.* (6)	AUD	8:35
28	NIAGARA*	AUD	8:05
M 3-5-7	NAC Playoffs	TBA	TBA

(1) U/Buffalo vs. LeMoyne　6:30
(2) St. Bonaventure vs. Syracuse　8:30
(3) U/Buffalo vs. Hartwick　8:30
(4) Buffalo St. vs. Oswego St.　6:15
(5) Buffalo St. vs. U/Buffalo　6:15
(6) Buffalo St. vs. Brockport St.　6:15

* ECAC North Atlantic Conference

スタン・ヴァン・ガンディの就任を伝えるニューズレター

帰国を前にして、思いつくままに

　41歳になった私は、いい意味での自己主張をしなければならぬと思っている。自分のやるべき仕事はなにか、常に頭の中に入れておくこと。何をやるにしても焦点を絞らぬといい仕事はできない。1つは体育教室の仕事、どこまで時間を費やすか。今の自分は、研究をすることで教室に貢献していくという考え方だ。自分の利益の事だけを考えるわかにはいかないし、難しい。研究と教育と、いずれにしても焦点をしぼること。このことをなにか仕事をする時に、第一に考えて行動する。仕事をするのに、彼はダメだからあの人はダメだからというように考えないこと。作業をさせてみて学ばせなければいつまでたってもその人は成長しない。学生とて同じこと。仕事の仕方を指導するのもこれからの役目。あれこれ小さなことを言わず、その人なりに工夫していれば褒めてあげねばならない。2つ目は地道に研究会を進めることだ。一つ一つ形に残せるものを作っていくこと。バスケットボール研究会はひと月に1度、火曜日の2時間を確保し、続けることである。そして記録とファイルを怠らない。身の回りもシンプルにしなければならない。整理についても自分の主張がなければダメだ。今まではあれもこれも集めすぎていた。自分にかかわりのない分野、領域のものは集めないことだ。バスケットボールと体育心理、教科教育、この3つ以外は必要ない。棚もシンプルにしたい。そうすればすっきりして自分の行動も意図した方向に進みやすくなる。

　　へめぐりて あまたの国のさまを見て、住むべき国は日本とぞ思ふ（河上肇）

第二部

バスケットボールとスポーツ科学

The
Theory and Science
of Basketball

金沢大学教育学部体育科・特別体育科
バスケット・ボール教室

第6章　バスケットボールを科学する

1. 私のバスケットボール研究（研究者人生のはじまり）

　バスケットボールは確率のゲームである。どのようにしたら相手より一本でも多くシュートを入れるか。また、ターン・オーバー（ミス・プレー）を少なくするかを考える。試合に勝利するためには、技術の向上に加え、如何に勝つかという戦略に基づく戦術が必要になる。バスケットボールのゲームを科学的に研究することで、そのゲームを有利に進めることができる。バスケットボールの統計的研究は『籠球』第6巻に詳しい。

　私は、卒業論文で、バスケットボールの動作分析をテーマにした。バスケットボールの基本動作である、パス、ドリブル、シュートを熟練者（ローマオリンピック候補選手）と未熟練者（未経験者）に分けて比較をした。松本寿吉先生にハイスピードカメラを使用させてもらい、当時最高の環境で研究ができた。しかし、研究には困難も付きまとった。カメラの回転が速いため、フィルムが何本も無駄になった。暗室にこもって現像し一枚一枚動作の重心を合成する。暗室の赤い電球の下で現像する作業が、朝から晩まで何日も続いた。これで本当に卒業論文が完成できるのだろうかと不安になった。この経験を通して、一つのことを成し遂げるには時間がかかり、小さなことの積み重ね、さらに準備の段取りがいることを学んだ。この学びがあって、私は専攻科に進みたいと思った。松本寿吉先生は私が卒業と同時に九州大学に移られ、私は萩原研究室に所属した。萩原先生は、運動生理が専門であった。先生からは領域は違ったが、研究者としての心構えを学んだ。専攻科での研究テーマは、バスケットボールのゲーム分析とし、同時に女子バスケットボール部監督の三好僑先生のアシスタントコーチとなった。練習への参加と、試合への帯同をした。初めての女子への指導は戸惑ったが、この一年間は、私にとって多くの収穫があった。感謝しているもう一つは、松尾武司さんと高峰（旧姓桑原）さんとの出会いである。松尾さんは日本鋼管全盛期のバスケットボール選手で全日本選手権大会で優勝されている。しかも、国際審判員であり1964年東京オリンピックのアメリカ対ソビエト決勝戦の審判もされた。松尾さんからはバスケットボールの考え方・見方を学んだ。バスケットボールの指導方法は、ローマオリンピックの選手候補であった高峰さんから学んだ。私が金沢大学教育

学部に勤務することになったとき、教養部の保健体育教室の主任をされていた笹本正治先生に挨拶に伺った。「石村君はバスケットボールをだれから教わりましたか」と問われ、すぐさま「日本鋼管の松尾さんと高峰さんから教わりました」と告げると、「オー！松尾君と高峰君か」と言われた。二人は笹本先生の後輩であった。それ以来、笹本先生が金沢大学を退官されるまでバスケットボールの指導を受けた。ここから金沢大学でのバスケットボール研究と指導が始まった。そこでの研究は、教育学部に所属していた附属学校との関係から、教材研究でバスケットボールの構造化を試みた。

　バスケットボールのゲーム分析研究も行った。さらに、院生と学部生との共同研究からアイカメラによる注視点の研究と脳波計によるリラクセーションの研究を展開した。この一連の研究で文部省（現：文科省）から科研費の支給を受けた。ゲーム分析の方法はカセットテープでゲームの様子を録音することから始めた。次に、ビデオにより映像としてプレイを追うことができるようになり、試合後にゲームを観察し、選手のグッドプレーとバッドプレーをフィードバックできゲームの再現性がより具体的になった。さらに、パソコンによりデータ解析のスピードが上がり、試合の対応が即時に行えるようになった。これからはAIのデータ解析による予測が可能になっていくであろう。情報収集の差が勝敗の分かれ目となる。まさに情報は力である。50年の間にこれだけの発展があった。

◆バスケットボールに関する論文
　以下に、私が研究し発表してきた論文とその研究概要を列記する。

２．バスケットボールのゲーム分析
１）動作時間研究法によるバスケットボールのゲーム分析
　　　　―重相関法と管理図的考察―
　第6回アジア選手権を対象として、バスケットボールの戦術テクニックの形態を追跡調査した。各技術要因から試合の勝敗を予測するために相関分析法による重相関法を加えた。ゲームの得点を予測する重回帰方程式は、$\hat{Y}=0.66X_1+0.10X_2+0.56X_3-0.08X_4-0.21X_5+0.01X_6-0.02$ となった。

　X_1～X_6 は以下の仕様を示す。

　X_1：ショット試投数、X_2：フリースロー試投数、X_3：ディフェンシブ・リバウンド獲得数、　X_4：オフェンシブ獲得数、　X_5：ミスプレイ数、　X_6：ファウル数

　時間経過と得点の回帰方程式は、勝ちチーム $\hat{Y}=2.1X+0.67$、負けチーム

$\hat{Y}$=1.7X+0.97 と推測され、勝敗を左右した技術要因は、ショット成功率、ディフェンシブ・リバウンド獲得数であることが明らかになった。この研究に必要な計算は、金沢大学電子計算機 FACOM230-35 を使用した。

2）システムズ・アプローチによるバスケットボールのゲーム分析
—第26回全日本学生と第37回全米学生選手権大会の比較—

　大学バスケットボール全日本学生選手権と全米学生選手権大会を対象として、ゲームの流れの中で発現する動作の支配性、制御性、連鎖性等をとらえた。方法は、システム思考法を用いて、技術要因を時間経過と共にその遂行形態を追跡した。得点と時間経過との間に、UCLA:$\hat{Y}$=2.3X-1.98、Kentucky Univ.:$\hat{Y}$=2.2X-2.37、明治大学：$\hat{Y}$=2.1X+4.36、日本体育大学：$\hat{Y}$=1.1X-3.18 という回帰方程式が得られた。ソシオマトリックスからは地位得点とソシオグラムの併用によって、各成員の役割、チームの攻撃パターンを観察できることが示された。

　観察対象としたチームは、日・米における学生バスケットボールの最高水準とされるゲームである。一連のゲーム分析の研究は『現代体育・スポーツ体系（26）』に記載してある。

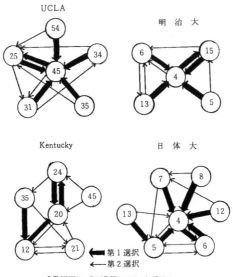

成員相互のパス過程のソシオグラム

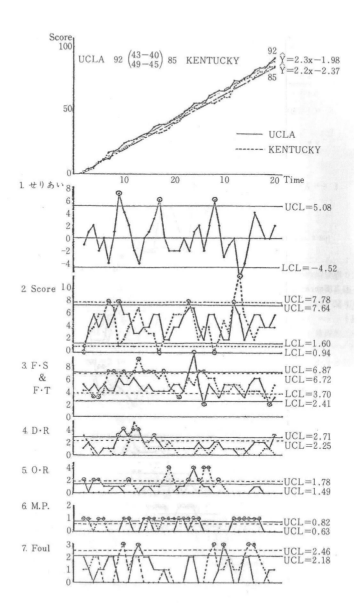

時間経過による得点の回帰直線と諸技術要因の関係

全米学生選手権大会　決勝　　UCLA　92 $\binom{43-40}{49-45}$ 85　Kentucky

選択＼被選択	54	24	34	25	45	31	35	35	53	24	20	45	23	21	55	12	31	25	34	36	54	Shot	F・T	DR	OR	MP	Foul
UCLA 54			2	5	10																	4/9	0/2	5	1	1	1
24				2																		0/1	0	0	1	0	0
34	4			12	38	12	2				1											9/15	6/8	8	4	4	4
25	7	9			21	12	1															6/16	2/4	3	2	3	4
45	5	1	15	30		24	2			1	1											4/6	2/4	2	0	1	3
31	3		9	8	10						1			1								11/18	5/8	9	3	2	4
35			1	3	4			1		1												4/7	1/5	8	1	4	4
Kentucky 35			1						1	1	4			5	2	7					1	13/28	8/12	2	5	1	4
53	1							3		1	1	1				1						1/3	2/4	5	1	1	5
24								12	1		24	6				4	2	4				3/8	4/5	1	1	2	4
20								12	3	28		3		5	2	14		1			1	4/12	1/2	1	4	1	1
45								3	1	5	3					1	3	1	1			7/11	1/2	4	0	1	2
23																						0	0	1	0	0	0
21		1						2		2	5	3				8					2	2/10	2/4	2	1	0	3
55								1	3	3	2					1						1/7	0	4	1	2	4
12					1			9		1	13	3		10	4		1				1	0/3	0	2	1	1	2
31												1										0/1	0	0	0	0	0
25		1						1				1				1						1/2	0	0	1	0	0
34												1										0/1	0	0	0	0	0
36												1										0/1	0	0	0	0	0
54									1	2				2								1/1	0	0	0	0	0
地位得点	18	1	35	58	83	48	8	41	7	40	54	20	0	25	12	39	2	3	1	1	3						

全日本学生選手権大会　男子決勝　　明治大　85 $\binom{46-24}{39-26}$ 50　日体大

選択＼被選択	4	5	6	7	8	10	11	12	13	14	15	4	5	6	7	8	12	13	14	15	Shot	F・T	DR	OR	MP	Foul
明治大 4		6	24	5	1			3			10							1			3/17	2/2	6	1	0	2
5	10		3	1							4	1		1							4/8	3/4	5	1	0	3
6	18	9		4		5		10			8	1								1	6/10	0	5	4	3	2
7	6	1	5			2	1				1										1/5	0	1	1	0	2
8								2			2										1/2	0	3	1	1	0
10	2	1						1			1	1				1					2/9	0	2	6	2	3
11								1		1	4										0/3	0	0	1	0	0
12	2	-	1			2	1			1	8				1						0/2	0	1	0	0	0
13	6	2	6	2	2						2										8/12	2/2	5	6	3	1
14						4															0/2	0	1	3	2	0
15	7	1	7	3	2	1	6	5	1	2											14/20	0	6	2	2	1
日体大 4			1						2		1		23	25	6	6	16	13	1		11/20	0/2	5	2	0	2
5	1							1				12		10	5	1	12	7		1	1/11	0	0	3	0	2
6	1	1						3				17	7		3	1	2	3	1		4/17	2/4	2	3	0	1
7			1									11	6	3			5	5		3	1/7	0	4	1	0	2
8			1									4	1	1	3						1/4	0	0	1	1	1
12								2				15	5	4	6			1			5/17	0/2	3	6	2	3
13								1				6	9	1				3			0/10	1/2	1	2	0	3
14								1							3	2					0	0	0	0	0	1
15														1	2						0/1	1/2	0	0	0	0
地位得点	47	22	42	15	5	10	7	14	6	3	38	62	51	42	26	13	38	24	5	1						

パス過程のソシオマトリックスと諸技術要因の頻数

3）バスケットボールにおけるDroughtsがゲームの勝敗に及ぼす影響

―ユニバシアード　神戸大会―

　1985年ユニバシアード神戸大会における男子12ゲームを対象に、バスケットボールのゲーム中に出現するDroughts（得点停止期間）が勝敗に及ぼす影響について検討した。分析方法は、Play by Play Game Sheetsを用いた。分析結果として以下の知見が得られた。（1）Droughtsの出現頻数の少ないチームの勝率は88.9%であった。勝ちチームと負けチームの間に5%水準で有意差が認められた。（2）Droughtsの累積時間の少ないチームの勝率は91.7%と高く、勝ちチームと負けチームの間には、1%水準で優位差が認められた。（3）Droughtsの時間別出現頻数をみると、2〜3分の短いDroughtsの出現は勝敗に関係なく起こるが、4分以上の長いDroughtsの出現はゲームの勝敗に及ぼす影響がみられた。

　バスケットボールの試合中Droughtsがゲームの勝敗にどのように影響するかを検討する上で基礎資料を提供することができた。

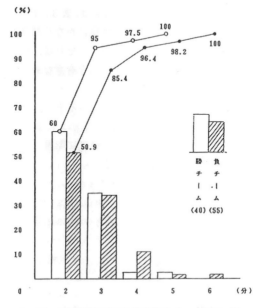

Droughtsの時間別出現比率及び累積比率（ユニバシアード）

4）バスケットボール選手における Droughts がゲームの勝敗に及ぼす影響
―ソウルオリンピック大会―

　1988 年ソウルオリンピック男子 46 ゲームを対象に Play by Play Sheets を用いて Droughts を算出してゲームの勝敗との関係を検討した。結果をまとめると以下の通りであった。1）Droughts の出現頻度、累積時間、及び Droughts 間の失点のすべてにおいて、勝ちチームと負けチームとの間に有意な差異が認められた（P<0.01）。 2）Droughts の時間別頻度では 3〜4 分の Droughts の出現は生じるが、8 分以上の長い

```
Preliminary Pool Group A      Preliminary Pool Group B      Semi-Final
AUS  81 -  77 PUR             CHN  98 -  84 EGY             URS  82 -  76 USA
CAF  73 -  70 KOR             BRA 125 - 109 CAN             YUG  91 -  70 AUS
YUG  92 -  79 URS             USA  97 -  53 ESP
PUR  79 -  74 KOR             BRA 130 - 108 CHN             Final(11-12places)
YUG 102 -  61 CAF             USA  76 -  70 CAN             CHN  97 -  75 EGY
URS  91 -  69 AUS             ESP 113 -  70 EGY
YUG 104 -  92 KOR             USA 102 -  87 BRA             Final( 9-10places)
URS  93 -  81 PUR             CAN 117 -  64 EGY             KOR  89 -  81 CAF
AUS 106 -  67 CAF             ESP 106 -  74 CHN
PUR  71 -  67 CAF             ESP  94 -  84 CAN             Final( 7- 8places)
URS 110 -  73 KOR             BRA 135 -  85 EGY             PUR  93 -  92 ESP
YUG  98 -  78 AUS             USA 108 -  57 CHN
AUS  95 -  75 KOR             CAN  99 -  96 CHN             Final( 5- 6places)
URS  87 -  78 CAF             USA 102 -  35 EGY             BRA 106 -  90 CHN
PUR  74 -  72 YUG             ESP 118 - 110 BRA
                                                           Final( 3- 4places)
Quarter-final                Quarter-final                 USA  78 -  49 AUS
YUG  95 -  73 CAN             URS 110 - 105 BRA
USA  94 -  57 PUR             AUS  77 -  74 ESP             Final( 1- 2places)
                                                           URS  76 -  63 YUG
Classification (for 5th)     Classification (for 9th)
BRA 104 -  88 PUR            CAF  63 -  57 EGY
CHN  96 -  91 ESP            KOR  93 -  90 CHN
```

ソウルオリンピック大会成績

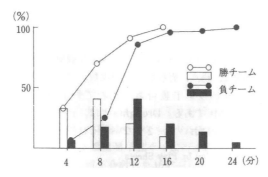

勝敗別からみた時間別 Droughts の出現率、及び累積比率（ソウルオリンピック）

Droughts の出現はゲームの勝敗に及ぼす影響がみられた。3) 技術諸要因では、勝ちチームと負けチームの間に、得点、野投成功率、3-point shot 成功率、2-point shot 成功率、オフェンシブ・リバウンド獲得数、ディフェンシブ・リバウンド獲得数（P<0.01）、自由投成功率（P<0.05）に有意な差が認められた。

　これらのことから、Droughts はゲームの勝敗を決定する一つの要因であり、その背景には、ショット成功率、リバウンド獲得数などの技術要因が関与していると推察される。

3．バスケットボール授業と教材の構造化

1) バスケットボール教材における基礎技術の構造化

　体育科教育の学習内容の一つとして位置づけられているバスケットボールの授業において、バスケットボールの本質を「直接攻撃を伴うショット」ととらえ、間接攻撃より直接攻撃を強調した教材を作成してみた。直接攻撃の中でも「ドリブルを含むショット」を基礎技術の基本とし、基礎技術の習得過程の制御・調節過程を構造的にとらえ直すという観点から分析検討した。対象は金沢大学教育学部体育科学生の授業時のゲームで、芝電ビデオテープレコーダーSV—700H，ソニーカセットコーダー-CF-1480 に収録し、できるだけゲームの再現性を高めた。運動学習の位相を想定するため Mundel.M.E. の動作時間研究法を使い、チームの凝集性の値からゲームの様相をとらえるために Katz,L & J.H.Powell の研究を参考にした。

　プレイヤー相互のパスをソシオメトリー的手法を用いて分析し、プレイヤーのチームに対する関係や、チームそれ自体の構造を明らかにした。

2) 体育専攻学生のバスケットボールの授業に対する態度とパーソナリティ

　金沢大学体育専攻学生を対象として、バスケットボールの授業に対する態度を測定し、他方、Ｙ‐Ｇ性格検査を行い、この授業に対する態度がパーソナリティの性格特性とどうかかわりを持つかを検討した。それと同時に態度と性格との関係において、バスケットボールのスキルテストの成績についても考察した。結果の概要は次の通りであった。1．バスケットボールを教材とした授業に対する態度は、体育専攻学生だけに、かなり高い好意度を示した。しかし、この好意度が単に教材としてのバスケットボールに対する態度だけによるものかは断定できない。2．授業に対する態度はバスケットボールが持っている特性に影響を受けると考えられるが、態度の持ち方は学生のパーソナリティの要因も大きな影響を受けているようである。3．因子分析の結

因　子	項　　　　　目	因子負荷量
第1因子：因子名……好き―嫌い		
	（12）好きである。	.866
	（ 5）嫌いである。	−.840
	（ 1）おもしろい。	.833
第2因子：因子名……人間関係		
	（19）人づきあいをよくする。	.805
	（21）友人関係を育てる。	.697
第3因子：因子名……情緒の安定		
	（11）情緒を安定させる。	.609
	（13）生活を楽しくする。	.535
第4因子：因子名……命名困難		
第5因子：因子名……精神的効果		
	（14）精神をきたえてくれる。	.517
	（ 7）根性を養う。	.501
第6因子：因子名……社会生活への貢献		
	（ 9）社会生活のためになる。	.663
	（22）よい性格をつくる。	.539
第7因子：因子名……性格への影響		
	（20）人を明朗にする。	.490

バスケットボールの授業に対する態度の因子と因子負荷量

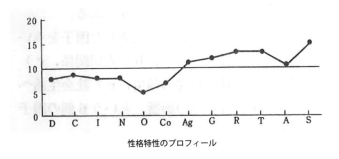

性格特性のプロフィール

テスト種目		1) 連続3回ジャンプ	2) 30秒ショット	3) ドリブルターン	4) セットショット	5) リバウンドパス
♂ N=30	M	56.6cm	43.6	19.2	12.7	21.5
	S.D	6.46	6.87	2.52	7.13	2.26
♀ N=6	M	45.5cm	32.8	21.2	7.2	23.1
	S.D	2.21	10.65	0.97	10.24	5.59

バスケットボール授業におけるスキルテストの結果

果、次の独立した因子を見出した。a) 好き嫌い、b) 人間関係、c) 情緒の安定、d) 精神的効果、e) 社会生活への貢献、f) 性格への影響　という6個の因子がそれである。なお、授業は教師のパーソナリティ、指導方法、その学習集団の雰囲気など、およそ、授業に関係するものと考えられ、今後これらの要因についても検討していきたい。

3) 肢体不自由児におけるツインバスケットボールの導入

　石川県内の車椅子バスケットボールクラブ18名を対象に、肢体不自由者におけるツインバスケットボールの導入について検討した。バスケットボールの本質は、ショットをして得点を競うことであるから、ゲーム中のボールは得点できる患児に集中する。ショットがリングに届かない患児はゲームに参加する機会が少なく、ショットで得点する経験を得る前に、バスケットボールに対する興味関心が薄れていく。ツインバスケットボールの導入によって、ショットを試みることの無かった患児12名中7名がゲーム中にショットを試みるようになった。その中でも3名は着実にショットを成功させており、チームの主力メンバーになりつつあった。勝敗に直接関与するようになったことでチームへの貢献度が高くなった。同時に、これまで上位リングショット者中心のゲーム展開が、チーム全体の攻撃に変容していった。当初、リングショットを試みなかった12名はいずれも脳性麻痺児であった。脳性麻痺児は運動障害の特徴として、あるタイプは顔面や四肢の筋肉に不随な運動があり、精神的な緊張や意図的な運動を起こそうとした場合に増幅されたりぎこちない動作になったりする。これ

ツインバスケットボール

は「ショット」という意図的な動作を起こそうとした場合にも同様である。ショット
を試みなかった患児、試投してもリングに届かなかった患児は、こうした影響を少な
からず受けていると思われる。脳性麻痺児の練習への参加意欲を高めることになった
ツインバスケットボールは、今後さらに修正を加え継続することによって、リハビリ
テーションスポーツとして彼らのトレーニングに有効に働くものと考えられる。

4．ビデオカメラと VTR によるフィードバック効果
1）運動技能学習における言語・視覚フィードバックの効果

　金沢大学教育学部体育科学生のうち、バスケットボール未熟者男子 40 名を対象と
し、バスケットボールのセットショットの練習時にける言語フィードバックと VTR
による視覚フィードバックの効果を検討した。実験条件は、Group I （言語フィー
ドバック群）、Group II （視覚フィードバック群）、Group III（言語―視覚フィード
バック群）そして Group IV（統制群）の 4 つに設定した。その結果、次のような分
析結果を得た。付加的フィードバックを受けたセッションから、G I 、II、III は非常
に高い学習改善が認められた。VTR による視覚フィードバックは、パフォーマンス
の知識を細分化、具体化できるため自己評価が容易になるが、初心者にとっては運動
の分析は困難である。運動技能学習を考えあわせてバスケットボールのセットショッ
トを観察すると、VTR を利用した言語―視覚フィードバックは、運動技能学習に対
する動機づけ機能として役立ち、運動技能学習を効果的、効率的に進める可能性があ
ると考えられる。

2）バスケットボールショットの技術習得における言語・視覚フィードバックの効果

　小学校の児童、中学校・高等学校の生徒、大学生に至るまでそれぞれ幅広い年齢層
を選択し、各 30 名ずつ計 120 名の女子を対象にした。バスケットボールのセット
ショット時における大筋運動を課題として、言語フィードバックと視覚フィードバック
の効果を横断的に比較検討した。言語、視覚フィードバックを用いた場合、すべての
被検者のほとんどの試行において、統制条件の場合に比べて優れたパフォーマンスの
向上が認められた。運動学習の技術習得時に言語並びに視覚フィードバックを与える
ことは、パフォーマンス向上に大きく貢献することを示した。また、同じ情報フィー
ドバックを与えた場合でも、視覚フィードバックは言語フィードバックに比べパフォ
ーマンスの向上に大きく貢献する。このことは、VTR による視覚フィードバック情
報の有効性を示唆するものである。小学生においては、言語フィードバックの方が視

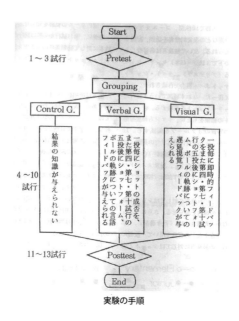

実験の手順

　覚フィードバックに比べて運動技術の習得に高く貢献する。VTR による視覚フィードバックは、学習者がある程度の年齢に達した段階で与えた方が、パフォーマンスの知識を細分化、具体化できるため有効である。小学生の様に学習者が低年齢の段階では、情報として受け入れやすい言語フィードバックの方が適していることが明らかになった。

3）バスケットボールの基本技術習得における視覚フィードバックの効果：
####　　小学校6年生の場合

　小学校児童を対象とし、VTR による視覚的フィードバックがバスケットボールの技術習得時にどのような効果を示すかを明らかにした。さらに、模範的パフォーマンス提示の有効性に関しても検討した。VTR を利用した視覚フィードバックは、サークルドリブルランニングシュートの技術獲得において効果が認められた。付加的な情報は技術習得に有効な手掛かりを与えると考えられる。VTR による模範的パフォーマンスの視覚フィードバック情報を与えた群は、模範的フィードバック情報を与えない群と比較してパフォーマンスの向上がみられた。視覚フィードバック情報は、被験者に対して明確な内的基準レベルや内的基準パターンを形成し、望ましい行動とはど

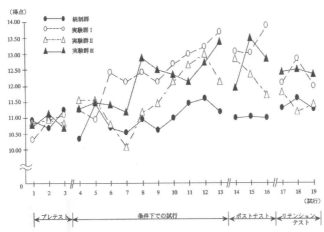

各群の学習曲線（全得点）

		全　　　得　　　点			ドリブル得点			ショット得点		
		プレテスト	ポストテスト	Tテスト	プレテスト	ポストテスト	Tテスト	プレテスト	ポストテスト	Tテスト
統 制 群	Med.	30.00	31.25		21.50	21.50		9.0	10.0	
	Max.	44.50	42.00		26.00	26.50		19.0	18.0	
	Min.	23.00	24.50		17.50	20.50		3.0	4.0	
実験群 I	Med.	31.50	39.50		21.00	24.00		10.5	16.5	
	Max.	43.00	49.00	＊＊	26.00	27.00	＊＊	19.0	22.0	＊＊
	Min.	23.50	27.50		19.00	21.00		0.0	6.0	
実験群 II	Med.	30.75	37.50		21.75	23.25		9.0	14.0	
	Max.	43.50	41.00		24.50	25.00		19.0	17.0	
	Min.	23.00	33.00		19.00	21.00		4.0	10.0	
実験群 III	Med.	29.50	38.75		22.75	23.75		9.0	15.0	
	Max.	43.00	50.00	＊＊	25.00	28.00	＊＊	18.0	22.0	＊＊
	Min.	24.50	28.50		19.00	20.50		4.0	8.0	

＊＊　P＜0.01

プレテストからポストテストまでの練習効果の比較

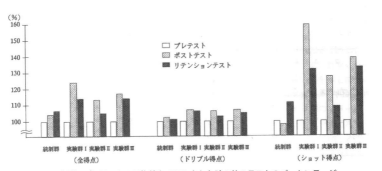

各群のプレテストの平均値を 100％ とした時の他のテストのパーセンテージ

のようなものかを明確にし、運動の遂行を視覚的にとらえたと推測された。VTRで模範的パフォーマンスと自己パフォーマンスの両方を与えた場合、小学校児童では、どちらを内的基準レベルあるいは内的基準パターンとすればよいのか弁別することが困難であった。しかし、運動課題の保持に関しては効果があることが認められた。

4）バスケットボールの観察学習における異なる水準のモデル効果

　小学校児童を対象に、バスケットボールのサークルドリブル、レイアップショットを運動課題とし、どのようなパフォーマンス水準のモデルを提示すればより高いパフォーマンスが習得できるか、また、学習段階に伴った効率的なモデル提示ができるかを検討した。

　何らかのモデル提示を与えた群は、一切モデル提示が与えられなかった群よりパフォーマンスの向上が認められた。運動技術の習得に伴いモデルのパフォーマンスレベルを上げていくことは、学習を促進させるためには効果があると推察される。しかし、この時、観察者の運動能力に適したモデル提示時期と、モデルのパフォーマンスレベルを十分に考慮に入れることが示唆された。さらに、ただモデル提示をするより、モデルのパフォーマンスレベルを学習者と同等のモデル提示する方が学習効果は大きいことが明らかになった。

5．アイカメラによる観察時における注視点の分析
1）バスケットボールのゲーム観察時における注視点の分析

　バスケットボールのゲーム観察時における探索と認知の過程を明らかにするため、熟練者と未熟練者にアイカメラを装着した。ゲーム場面の動作を「動きの変化」の刺激と捉え、注視点を測定し、注視程度、ゲーム状況の「見方」すなわち情報探索のストラテジーを検討した。

　同一のゲーム場面を観察しても、技能水準の違いによって形成される情報処理体系は異なり、探索の内容が違ってくることが示唆された。効率的なバスケットボールの指導とは、練習場面とゲーム場面とのギャップを埋める努力にあると考える。実際の試合で起こることをできるだけ厳密に整理して、それを練習の基本にする必要がある。プレイヤーに必要な内的過程の能力（認知能力、状況判断・戦術的知識・意志決定スキル）が練習過程の中に組み込まれなければならないことが示唆された。

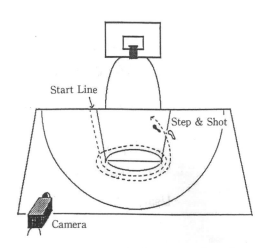

運動課題：サークルドリブル・レイアップショット

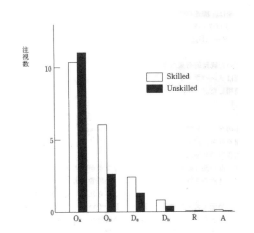

１回のセット・オフェンス場面における対象別注視頻数の平均値

2) バスケットボールにおけるスクリーンプレーの習熟過程と注視点の変容

　大学生の未熟練者（18〜21歳）を対象に、バスケットボールの基本技術であるスクリーンプレーを運動課題とした。アイカメラ座標解析システムを用いて、その技術習熟過程と練習場面を観察する被検者の注意様式が、どのように変容していくかを検討した。被検者には、4人一組でスクリーンプレーを行わせ、その録画画面を提示し

て、アイカメラを用いて注視点及び中止の軌跡を検出した。次の点が明らかになった。

（1）未熟練者は、課題の習熟とともに固視の回数が多くなり、各群とも練習段階における注視頻度の総和は有意に増加している。総注視頻度が増加することは、取り入れる情報量とも関係していることを示している。（2）練習初期段階では、視線はボールと自分に集まっており、他のプレイヤーへの走査の割合は少ない。スクリーンプレーのカット・アウェーの指導がなされるにつれて、ボールと自分への注視が減少し、視線は他の対象にほぼ均等に分布された。（3）スクリーンプレーを注視しているときの未熟練者の眼球運動は、練習の初期段階では眼球の移動距離が少なく固視時間は長いが、最終段階では走査路が多く固視点も多いという傾向が認められた。未熟練者の技術習熟の過程で走査の仕方に何らかの特徴があることを示唆している。

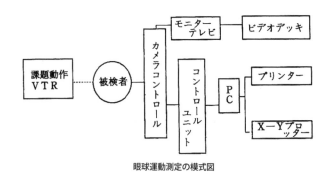

眼球運動測定の模式図

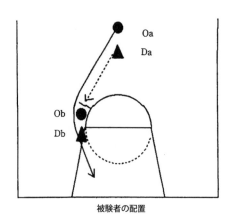

被験者の配置

ADORESS:1,33 AREA:1,1-58 FIYING SCAN:10 (88/10/29 12:27:23)

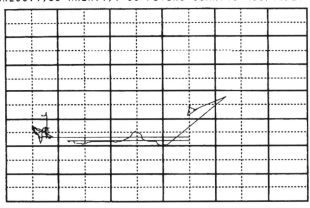

(SUB.13)

ADORESS:15,70 AREA:1,1-58.72 FLYING SCAN:6 (86/11/28 15:19:19)

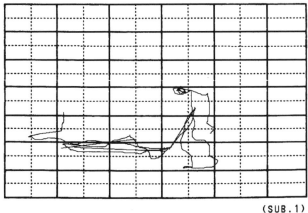

(SUB.1)

スクリーンプレーを見た時の眼球運動の走路図

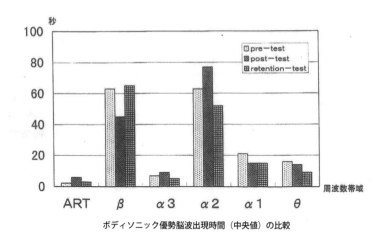

ボディソニック優勢脳波出現時間（中央値）の比較

6．脳波計によるイメージ想起と脳波活動

1）バスケットボール選手におけるフリースロー試投時とイメージ想起時の脳波活動

　大学女子バスケットボール選手10名を対象に、小型クリニカル脳波計とボディソニック・リフレッシュ・チェアを用いて、安静時とフリースローイメージ想起時の脳波を比較することで、イメージ想起時にアルファーブロッキングが成立するかを検討した。フリースロー試投時の脳波は、イメージ想起時及び安静時と比較して、C3,C4（頭頂葉）、O1,O2（後頭葉）のすべての部位でβ波に有意な増加が認められた。また、C3,C4部位ではα波にも優位な増加傾向がみられた。イメージ想起時脳波は、安静時と比較してO1,O2においてα2波が常に有意な増加傾向を示し、アルファーブロッキングを否定する結果を示した。優勢脳波出現時間、PPI検査のイメージ想起得点、シュート成績からはイメージトレーニングの効果は認められなかった。

◆バスケットボールに関する著書

1）『基本レッスン　バスケットボール』

　大修館書店の平井啓允さんから『基本レッスン　バスケットボール』の出版の話が持ちかけられた。彼は、広島大学の同期生でバスケットボールを4年間共に練習した朋友である。これまで学んだバスケットボールの指導を整理する機会を与えられたと思い引き受けた。自分なりにバスケットボール指導の構造化を試みてきたけれど自分のバスケットボール指導の哲学が確立できていなかった。先ず相談したのが、同じ金

沢大学に勤務し女子バスケットボール部の監督をされていた笹本正治先生であった。笹本先生は私にとってのスーパーヴァイザーであった。本書のまえがきに読者のみなさまへ「バスケットボールには激しい攻撃と防御があります。その攻撃と防御のなかで、相手より多くのショットを決め、さらに相手のショットをできるだけおさえて勝利を決めようとするチームスポーツです。強いチームとなるためには、まず、チームひとり一人が攻撃・防御の正しい基本技術をしっかり身につけ、その上でチームにふさわしい習熟されたチームプレーをもたなければなりません。この本は、これからバスケットボールを始める皆さんのために、基本技術を中心に書きあげたものです。」とある。基本に忠実なプレイを試合で発揮するという指導哲学を得た。もう一人の共同著者である上越教育大学の水谷豊先生は、同じ北信越学生バスケットボール連盟に所属されていた。日本体育学会では、バスケットボールのゲーム分析を研究され、さらにバスケットボールの歴史を研究されていた。水谷豊先生のおかげで、バスケットボールの資料、写真を収集することが出来た。この著書が上梓できたのは、私一人ではなく多くの方々の協力があればこそである。

2)『バスケットボール勝利へのステップ』

　ハル・ウイッセル (Hal Wissel) 先生との出会いは、バスケットボール発祥の地、スプリングフィールドカレッジで、先生のバスケットボールの授業に出席する機会を得た時である。授業はレベルⅡであった。その内容は、学生一人が教師になり、残りの学生たちが生徒になるという演習形式で行われていた。学生の指導技術 (Teaching

バスケットボール勝利へのステップ

基本レッスン　バスケットボール

Skill）を高める目的と、もう一つの目的は個人技術であるリバウンドとピボットの基礎技能を習得するという授業展開であった。受講生は将来指導者になるための指導方法を学んでいた。こうしてスプリングフィールドカレッジで学んだ学生たちは、全世界に羽ばたきネイ・スミスが考案したバスケットボールを世界中に普及させていったに違いない。ウイッセル先生の指導にスプリングフィールドカレッジの魂（Spirit）を感じた。これまで、バスケットボールのコーチングに関する書物は多く出版され、その種類も様々である。しかし、この『バスケットボール勝利へのステップ』には、これまでの書物にはない幅広い内容を記述した。ハル・ウイッセル先生の知識と経験を結びつけた指導理念を本書の中に収録した。主要部分は先ず基本から出発して、個人的な技術と少人数のプレイヤーからチーム全体のドリルへと展開させ、最終的にチームプレーへとまとめ上げている。バスケットボールの基本技能は、フットワーク、ショット、パスとキャッチ、ドリブル、リバウンド、ボールを持った動き、ボールを持たない動きに分けられる。自分がどのようなレベルにあっても、知識と技術を磨くのに優しく、しかも使いやすいプログラムで構成してある。成功へのステップとして、一つのステップから次へのステップへと進めてくれる特色を持っている。その練習の中で、基礎技能だけでなく自信も鍛えられていく。「自分には自信があるのだという自信」を持つためにも、厳しい練習を通して基礎技能と自信を身につける必要がある。ハル・ウイッセル先生は、「教師やコーチへの手引書としてだけでなく、自分の子供に教えようとする親にとっても素晴らしいガイドとなろう」と、まえがきで述べている。

スプリングフィールドカレッジでの授業の様子

3)『保健体育』教科書

　文部科学省の検定済教科書として中学校で使用する保健体育の教科書を編集した。本書では、生涯にわたってスポーツを楽しむために必要な知識が総合的に取り上げられている。中学生がスポーツに関する知識を身につけ、豊かなスポーツライフを実現できるように構成した。補助教材として『ステップアップ中学校体育』も編集した。バスケットボールの指導では、学習内容の一貫性を図るため、教えられる側の発達段階にあわせた技能指導の構造を作成した。この技能構造はブルーナの螺旋構造と、ガニエの課題分析図を参考にしている。これによりバスケットボールを系統的・段階的にとらえることができ、ゲーム様相も高まってくれると考えた。

教科書『保険体育』

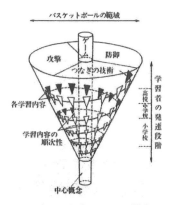

バスケットボールのコマ型構造図

第7章　バスケットボール選手のメンタルトレーニング
　　　　プログラムの開発

1.　私のスポーツメンタルトレーニング研究

　アメリカ滞在中に学んだことは、バスケットボールのコーチングスキルと、もう一つはスポーツ選手に対するメンタルトレーニングである。後に、スポーツマンのメンタルトレーニングの研究は、私のライフワークの一つになった。きっかけはアシスタントコーチのスターン・ペルチャーがバスケットボール・オフィスで、ジム・レーヤ著『エクセレンス』を読んでいたことである。私はそれを見た時、スターンは、選手がバスケットボールの技術だけでなく、心の強化もしなければ試合に勝てないと考えているのだと思った。また、ある日キャプテンのデリック・ラッセル (Derrick Russell) が私に本をプレゼントしてくれた。その本は、オイゲンヘリゲル著『弓と禅』であった。アメリカのバスケットボールの一選手が日本の『禅』に関心を持っていたことに驚きを感じた。弓を的に射ることは、バスケットにボールを試投することに通ずる。一つの籠に一球を投じることは、まさに一籠一球である。キャプテン・デリックからバスケットボールの心を学ばせてもらった。私にとっては忘れられないプレイヤーの一人である。1985年、アメリカでスポーツメンタルトレーニングを学ぶ機会を得てから30年間、その研究に関わってきた。集大成として『メンタルトレーニングの基礎』を上梓した。

『メンタルトレーニングの基礎』（ふくろう出版、2015）

2．バスケットボール選手のメンタルトレーニングと心理サポート

　スポーツ選手に心理的能力の向上が必要であるように、指導者（コーチ）にもメンタルトレーニングの必要性を感じた。メンタルトレーニングをアメリカで学び、バスケットボール選手を対象にして研究を続けた。特に大学女子選手を対象として、大学女子選手へのメンタルトレーニングと心理サポートを 3 年間継続して検討した。この一連の研究で、メンタルトレーニングに関心を抱く学生が多くなった。研究室にはバスケットボール以外のスポーツ選手も所属するようになり、彼らの専門競技のメンタルトレーニングプログラムを検討し始めた。それに伴いトランポリン、野球、ライフル射撃、弓道、剣道、自転車、その他の競技へと対象を広げていった。さらに 1999 年ユタ州ソレトレイクシティで開催された第 3 回国際メンタルトレーニング学会に参加する機会に恵まれた。その学会には、ハイパフォーマンスをめざす競技選手ばかりでなく、宇宙飛行士や、医師なども参加していた。学会では 5 分野の領域が議論され、それを契機に私も研究対象をスポーツ以外の領域に広げることとした。

1）バスケットボール選手における心理的コンディショニングが
　　競技成績に及ぼす影響

　1993 年から 1994 年の 2 年間にわたり、金沢大学女子バスケットボール選手 32 名を対象に POMS テストを 19 回行った。プレ・シーズンからポスト・シーズンのトレーニングをモニターし、競技成績に関連する感情要素の年間推移と競技成績との関連性を検討した。1993 年の POMS テストからは、インカレ前は「緊張」、「抑うつ」、「怒り」が高いプロフィールを示しており、選手にインカレ出場というストレスがかかっていることが指摘できる。しかし、「疲労」尺度が低地を示しほぼ良好なプロフィールになっており、インカレ予選に向けての心理的コンディショニングの調整は順調であった。その為、インカレ予選で、優勝というチームの最大目標を達成できたものと推測される。1994 年の POMS テストの結果から、インカレ予選前は「活動性」尺度が高く、他の尺度が低い良好なプロフィールを示していた。インカレには出場できなかったが、良好なコンディショニングであった。しかし、インカレ予選終了後の一時的な POMS テストの不良化は、敗戦によるチーム内の雰囲気の悪化が起因していたと考えられる。POMS テストプロフィールと競技成績に関して、「氷山型」プロフィールに代表される良好な心理的コンディショニングと技術要因が密接に関連するという事例がみられた。

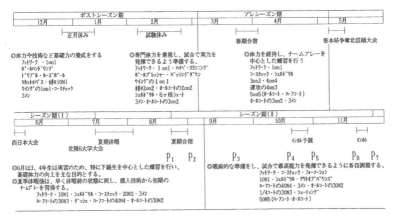

年間スケジュール

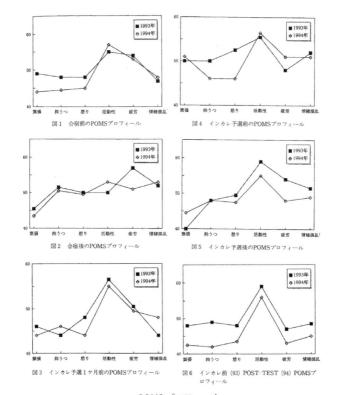

図1　合宿前のPOMSプロフィール

図4　インカレ予選前のPOMSプロフィール

図2　合宿後のPOMSプロフィール

図5　インカレ予選後のPOMSプロフィール

図3　インカレ予選1ヶ月前のPOMSプロフィール

図6　インカレ前 (93) POST-TEST (94) POMSプロフィール

POMS プロフィール

2）バスケットボール選手における心理的スキルトレーニングの効果

　女子バスケットボール選手に対する心理的スキルトレーニング・プログラムを作成し実施することでその効果を検討した。心理的スキルトレーニングは、脳波（α波）バイオフィードバックトレーニング（脳波測定は、フューテックエレクトロニクス社製 Biofeedback System FM-515 及び専用ソフト BFT-515CF を用いた）、呼吸法によるリラクゼーション、瞑想法の 3 つの項目を行った。その結果、脳電図には個人差があり、選手によってリラクセーショントレーニングの効果の有無が異なった。チーム全体において、リラクセーショントレーニングの効果があったとは認められなかった。しかし、各テストを通して「自己実現意欲」においてはトレーニング群が有意に高い得点を示した。チームの心理的コンディショニングへの影響については、トレーニングを通して POMS 検査の各回のプロフィールはほぼ氷山型を示している。しか

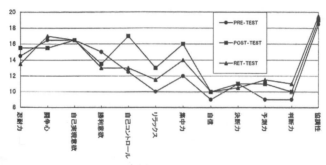

トレーニング群における DIPCA．2 得点の変容

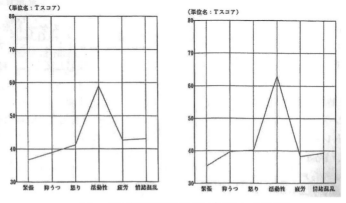

トレーニング群における POMS プロフィールの変容

し、試合前後において特に「緊張」、「情緒混乱」に変化がみられた。パフォーマンスレベルを向上させる心理的スキルトレーニングを継続させることにより、メンタルトレーニングに効果的である可能性が示唆された。

3）大学男子バスケットボール選手における心理的スキルトレーニングの効果

　心理的スキルトレーニングがスポーツ選手のパフォーマンスに及ぼす影響について検討した。大学男子バスケットボール選手を対象に9か月間、VTR及びカセットテープレコーダを利用したイメージトレーニングを実施した。同時に心理検査（PPI,POMS）とフォーメーションテストを行った。次の結果が明らかになった。VTRを使ったイメージトレーニングは、他者を含む周辺に関する情報に注意を向けるソフトセンタリング能力を向上させるのに有効である。ソフトセンタリングする能力やエラーを分析する能力が向上したことによりイメージの視覚化が進んだ。その上、イメージトレーニングの効果は1か月後に実施したRetention-Testにおいても保持されていた。PPI得点の比較からイメージトレーニングの実施は「実力発揮」、「イメージ力」の向上に効果を及ぼす。知覚痕跡の強化によって短期間でイメージ能力が増加し、試合中の判断力の向上、実力発揮という技術が改善された。POMS検査の結果、試合前のコンディショニングはイメージトレーニングの実施に関わらず理想のプロフィールを表す「氷山型」を示した。このことから、選手はシーズンを通して心身共に充実した心理状態にあり理想的なコンディショニングを持続していたことが示唆された。

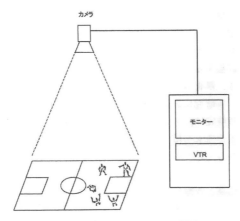

天井からのプレイヤーの動きの撮影

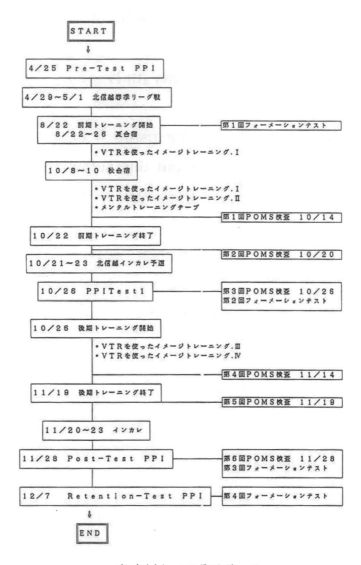

メンタルトレーニングスケジュール

3．スポーツ選手のメンタルトレーニングと心理サポート

1）石川国体ジュニア競技選手の心理的適正に関する縦断的研究

　金沢大学スポーツ研究班は、国体ジュニア強化選手を対象に、選手の障害予防、体力の評価、カウンセリングなど行ってきた。1991年石川国体においては、大会の準備期間から終了までメディカルチェック、体力測定、神経・筋機能測定、心理適性検査を行った。

　対象者は当初、山岳部、ボーリング部、自転車部、剣道部であったが途中からアーチェリー部も参加した。その中で、3年間継続して検査測定できたのは、自転車部の4名（国体優勝選手含む）、剣道部4名、アーチェリー部12名（国体3位選手含む）であった。YG性格検査から、自動車、剣道、アーチェリー競技の各選手は、一般に活動的、外交的なスポーツタイプといわれるD類型、B類型を示した。CAS不安測定テストを施行した結果、自転車、剣道、アーチェリー競技の各選手の不安得点（標準得点）は5〜6点であり、不安に関しては正常であった。PPIテストから、自転車選手は、集中力、イメージ力が国体前に上昇し、自信については国体前に上昇したが国体終了後は低下した。不安耐性はその逆であった。剣道選手は、自信、イメージ力、不安耐性が上昇した。また、アーチェリー選手は国体前に自信、意欲は上昇したが不安耐性、集中力、イメージ力の上昇は認められなかった。

各競技の PPI プロフィール

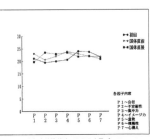

自転車競技選手のＰＰＩ自己プロフィール

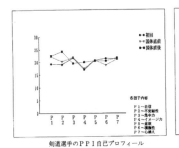

剣道選手のＰＰＩ自己プロフィール　　　　　アーチェリー競技選手のＰＰＩ自己プロフィール

2）トランポリン選手のメンタルトレーニングに関する縦断的研究

　バスケットボールのメンタルトレーニングに関する研究に加えて、トランポリン競技の古章子選手に対してメンタルトレーニングと心理サポートを行ってきた。そこで日本トップレベルに位置するトランポリン競技選手3名を対象に競技状況、心理状況及びトランポリン競技の特性を考慮した長期的なメンタルトレーニングを実施し、その効果を心理検査、競技成績、内省報告から検討した。DIPCA3、DIPP1の結果からメンタルトレーニングの効果は見られた。このDIPCA3とDIPP1は、選手の心理的競技能力からみたメンタルトレーニングの効果を把握する上で有効であることが示された。メンタルトレーニングの効果をコンディショニングという点から考えると、効果がみられるとともにPOMSと競技成績との相関が高いことも推察された。トランポリン選手のメンタルトレーニングはスポーツ選手のメンタルトレーニングプログラム一連の開発でもあるともいえる。

年	月	イベント（日）	心理検査	メンタルトレーニング
	3月		D2, ,YG	オリエンテーション、自己分析、目標設定
	4月	全日本年齢別大会、選考会(21-23)	D1,PO	
平	5月	全日本強化合宿		
成	6月		D2,	自己分析、目標設定
7	7月	インド洋環太平洋選手権、年齢別大会(28-30)	D1,PO	GSR2リラクセーショントレーニング
年	8月	インターハイ(5-6) 全日本ジュニア大会(18-20)	D1,PO	試合前の心の準備
	9月	西日本選手権(9-10)	D1,PO	イメージトレーニング1
	10月	全日本選手権(27-29)	D1,PO	イメージトレーニング2、3 試合前の心の準備
	11月	全日本トーナメント(11-12)	D2,	自己分析
	3月		D2, ,YG	自己分析、目標設定
平	4月	全日本年齢別大会、選考会(12-14)	D1,PO	
成	5月	全日本強化合宿		GSR2 リラクセーショントレーニング
8	6月		D2,	自己分析、目標設定、クラスタリング ↓
年	7月	全日本ジュニア大会(26-29)	D1,PO	イメージトレーニング4
	8月	インターハイ(9-11) 世界選手権・年齢別大会(23-9/1)	D1,PO	試合前の心の準備
	9月	西日本選手権(14-15)	D1,PO	イメージトレーニング5
	10月	全日本選手権(18-20)	D1,PO	試合前の心の準備、プラス思考
	11月	全日本トーナメント(8-10)	D2,	自己分析
	3月		D2, ,YG	自己分析、目標設定
平	4月	全日本年齢別大会、選考会(11-13)	D1,PO	試合前の心の準備、プラス思考
成	5月	全日本強化合宿		ボディソニックリラクセーショントレーニング
9	6月		D2,	自己分析、目標設定
年	7月	全日本ジュニア大会(26-29)	D1,PO	↓
	8月	インターハイ(8-10)	D1,PO	

注) D1:DIPP.1,D2:DIPCA.2,PO:POMS,YG:YG性格検査

メンタルトレーニングスケジュール

4. 教育機関、医師会、企業、自治体等のメンタルトレーニング

1) 金沢大学附属中学校でのメンタルトレーニング授業

　金沢大学附属中学校の校長を4年間務めることになった。中学1年生から3年生までの保健体育の授業を受け持ち、「メンタルトレーニングとは」というテーマで、ものの見方からリラクセーションや集中トレーニングについての講義を行った。1年生には「心と体メンタルトレーニングを始める前に」、2年生には「最高の成績を発揮するための3要素　集中、冷静、自信」の授業。3年生には「3要素を訓練するための目標設定、リラクセーション、集中、イメージトレーニング、セルフトーク」の実習を行った。当時の中学生たちが今どのように成長しているか楽しみである。この時の経験は、後に大学生のゼミ活動の一環として活用した。

メントレを伝える記事

県内初 中学生に「メントレ授業」

あきらめない心 育てて

星稜大教授を講師に

金大付中

県内ただ1人 メンタルトレ指導士

石村金大教授　モテモテ

県内外から講師依頼続々

21日広島、来月小松…

メントレの講師依頼を報じる記事

2) 高等学校の出前授業

・星稜高等学校：スポーツコース１年生を対象に最高のパフォーマンスを発揮するための心理的スキルトレーニングの理論と実践を展開した。3回の授業では、目標設定、リラクゼーション、集中、イメージトレーニング、セルフトークの基礎理論を説明した。

・金沢大学附属高等学校：タイトルはこれまでと同じである「最高の成績を発揮するためのメンタルトレーニング」としたが、彼らにとってはいかに学業成績をあげて東京大学、京都大学、また医学部に進学するかが問題であった。「リラクゼーションと集中の関係が理解できた」「学習にも応用できそう」という感想があった。生徒たちの集中力は高く熱心に受講していた

・金沢泉丘高等学校：金沢泉丘高等学校の新聞部員が私の研究室に取材にきた。その縁で、同校にメンタルトレーニングの講義をしにいくことになった。そのときの様子は、新聞部員によって校内新聞の記事としてまとめられた。

　その後、県内は、小松高等学校、金沢錦丘高等学校、野々市明倫高等学校、金沢北稜高等学校、福井県は三国高等学校、富山県は砺波工業高等学校等の出前授業に出向いて、講義を行った

富山第一高校での講義

103

金沢泉丘高等学校の校内新聞

勉学にも活用されるメントレ

3) 体育協会・教育委員会そして医師会等メンタルトレーニング講演
・広島県体育協会

　広島国際会議場で講演した。その時のもう一人の講演者は、2004 年アテネオリンピックの金メダリスト野口みずき選手を育てた藤田信之監督であった。印象に残った話題は、その当時トレーニングの主流であった高地トレーニングの弱点についてであった。高地トレーニングの弱点は、トレーニングを積めば積むほどランナーの筋力が低下することである。長距離ランナーに筋力トレーニングさせるとは何事かという批判があったという話であった。しっかり選手を観察し指導される監督だと感じた。オリンピックで金メダルを獲得するにはそれなりのトレーニングの開発が必要という事を考えさせられた。私は、ジュニア選手のためのメンタルトレーニングについて話をした。中・高校生中心であった。講演の導入で「広島は世界で初めて原子爆弾が投下された地である。そこから不死鳥のごとく立ち直り今に至っている。この広島を忘れずどの分野に進もうとも挑戦し続けなければならないのだ。」と話を進めた。その後、広島県の三好教育委員会、尾道教育委員会からとメンタルトレーニングの講演依頼が続いた。金沢大学に転属が決まり広島を離れるとき、恩師萩原仁先生はこう話された。「広島は世界で初めて原子爆弾が落とされた地だ。今世紀は立ち直れないだろうと言われたが、不死鳥のごとくはばたき発展してきた。不毛の地に若草をはやす気持ちで

スポーツひろしま

頑張りなさい」と。

・医師会

　北陸整形外科開業医会研修会講師、石川県スポーツドクター協議会記念講演講師、金沢市医師会スポーツドクター評議会記念講演、富山県医師会、七尾市医師会・市体育協会などからも講演の依頼をいただいた。人の命を預かる医師として、手術を行う時の心構えは集中し冷静に行う必要があり、特にイメージトレーニングに関心を持たれた。

4) 一般企業における社員のためのメンタルトレーニング講演

・金沢エンジニアリングシステムズ

　2006 年に、会社員に対してのメンタルトレーニングの講演依頼がきた。初めての経験であったが、国際トレーニング学会にはビジネスマンのためのメンタルトレーニング領域が設定されていることもあり、私もビジネスマン向けのメンタルトレーニングを引き受けることにした。講演では社員のためのメンタルトレーニングに関心を持ってもらった。後日、その会社ではリラクセーショントレーニングをするためのバイオフィードバックの機材と禅のための椅子を社内に導入していただいた。

企業経営にメントレを

・北國銀行

　2014 年に、銀行の取引先に向けたメンタルトレーニングの講演依頼がきた。題目は「最高の成績を発揮するためのメンタルトレーニング～ホップ・ステップ・チャレンジ～」とした。対象は「北國城北会」「北國浅野川会」合同の団体で参加者は 58 名であった。北國城北会の俵秀昭代表幹事、北國浅野川会の佃一成会長を中心とし、金沢の老舗であるきんつば中田屋の女将、金城楼の女将の参加もあった。講演の内容は、スポーツに関する内容であったが、企業の従業員にも役立つとの声が聞こえてきた。講演会後の懇談会で、佃さんは、「ビジネスにとっては世の中が変化するときはチャンスだ。佃煮という日本の食文化の伝統を守り後世に伝えていくには革新を進めなければならない。」と話されていた。また、創業天保元（1830）年、金沢で一番古い飴屋、飴の俵屋さんに、「のれんを守って百八十余年、今日まで操業して来れたのには、いろいろご苦労がおありだったでしょう」と尋ねたところ、「先代からいつも聞かされていたことがある。牛のよだれのように細く長くやるこっちゃ」と毎晩聞かされたとのことだった。先代の家業を守り継いで城下町金沢の食文化が伝えられてきたのだと、考えさせられた講演会後の学びであった。

5）人生 100 年時代：公民館で「高齢者の健康長寿のためのメンタルトレーニング」

　2013 年に、「メンタルトレーニングで健康長寿をサポートする」と題して、75 歳以上のお年寄りを対象に 2 つの講座を担当した。会場は、小立野公民館と湯涌公民館であった。近頃は人生 100 年と言われるようになった。身体の管理も必要であるが、心の健康管理に精神的・メンタルの問題が決定的に必要になる。「体のアンチエイジング」とともに「心のアンチエイジング」を行い、心の老化を防止するメンタルトレーニングの話をした。健康であるためにも心の訓練は必要である。平均寿命より健康寿命、生活の質（QOL）を持続させるためにもメンタルトレーニングの必要性を話した。最高の成績を発揮するための 3 要素、集中、冷静、自信と、この 3 要素を鍛える目標設定、リラクセーション、集中力、イメージトレーニング、セルフトークの 5 ステップトレーニングを紹介した。年老いても心は鍛えられる。「健康」は国際メンタルトレーニング学会の 5 つ（①スポーツ②教育③ビジネス④芸術⑤健康）の研究領域の一つでもある。人生 100 年時代は、時間（ヒマ）が増える時代である。それは体にも心にも想定外の影響を及ぼすに違いない。肉体的健康に焦点が当たりがちだが、精神的健康もひとり一人の重要テーマになるに違いない。

一流のスポーツ選手が意識する「心技体」を鍛える「メンタルトレーニング」。今や、五輪代表に欠かせないキーワードだ。この「心の鍛錬」をお年寄りに伝える講座が今夏、金沢市で始まった。

石村教授は四十年余、大学でバスケットボール部を率いる試合で集中力や冷静さを送り出すなど実績ある大学の研究者。専門的な知見に裏付けられたリラックスの大切さを説き、健康長寿をサポートする全国でも珍しい試みだ。

講義を指導するのは、日本スポーツ心理学会の認定指導士で、日本スポーツ心理学会の認定指導士。日ごろよく頑張った」と積極的な言葉を口に出すことで気持ちが若返るという。

講座は八月と九月の計二回、金沢市の犀川一教授。受講生は、野菜作りや手芸を趣味に地元の公民館で聞く金沢星稜大の石村宇佐一教授、金沢市社会福祉協議会が地区社会福祉協議会が

導くか。例えば左膝の痛みに悩まされたとき、うつうつと考えるのではなく、「右膝は元気で、感謝する気持ちを持つ」という表現力。石村教授は、こう話す。「右膝は元気だと逆転をあきらめる選手が多いのに惜しい。「あと五分しかない」と考えると苦しいが、「まだ五分ある」とプレーをする時点で負け。「まだ五分ある」とプレーするように」と叱咤する。「帰宅した時に届けた「今日は疲れた」ではなく「今日はよく頑張った」と

メントレで長寿をサポート

集中力を高めるトレーニングに挑戦する参加者ら＝金沢市小立野で

前向きな思考高めて

5. スポーツメンタルトレーニング指導士から名誉指導士へ

2000 年、日本スポーツ心理学会は、スポーツメンタルトレーニング指導士の資格を作ることになった。大学でスポーツ心理学を担当している先生方がメンタルトレーニングの研修を受けて、スポーツメンタルトレーニング指導士（日本スポーツ心理学会認定：登録番号 0019 号）の資格を取得することになった。私は、これまでオリンピック選手を対象にしたメンタルトレーニングを指導したことがなかったので、スポーツ心理学会のたびに、日本体育大学教授の長田先生にオリンピック選手のメンタルトレーニングと心理サポートの助言を受けた。私のメンタルトレーニングの源流には、長田先生の考え方が根付くことになった。

それは、スポーツ選手にメンタルトレーニングをするとき、選手自身に哲学を持た

メンタルトレーニング名誉指導士に

せるというものだった。私はこれまでの指導から、メンタルトレーニング名誉指導士
の資格を得た。

1）古章子選手（トランポリン競技、シドニーオリンピック 6 位入賞）

　古選手が学部学生から大学院に至る 6 年間にわたり心理サポートを行った。彼女は
高校時代にすでに日本チャンピオンであった。大学に入ってからチャンピオンの座を
追われることの無いようにと考えた。技術指導はかねてより古選手を指導していた塩
野先生にお任せし、私はメンタルトレーニングを担当することにした。1 年時から 2
年時前期までは、定期的に面談をする程度であった。学生生活に関しては何も心配す
ることはなかった。2 年の後期から古選手は石村研究室に所属が決まり、私と関わる
機会が多くなった。当時研究室ではマンデーミーティングを行っており、週の始めに
各ゼミ生の 1 週間のスケジュールと研究室の課題を確認した。このミーティングは、
私がカニシャス大学のバスケットボール・オフィスで、ヘッドコーチとスタッフでミ
ーティングを行った経験から始めたものだ。その頃から彼女は世界選手権にも参加し、
多くの大会に出場するようになっていた。大会出場などで忙しくても、月曜日であれ
ばマンデーミーティングには出席するように約束した。彼女はこの約束を卒業するま

で守った。この強さが日本選手権9連覇につながったと思われる。同期のゼミ生たちも彼女に感化された。まさに環境が人を育てる好例といえる。同期生たちも今は高校教師、アナウンサー、新聞記者になって活躍している。古選手は卒業後、もっとトランポリンの技術を高めたいと大学院に進み、私の研究室で2年間メンタルトレーニングを続けるようになった。彼女は、自分自身のメンタルトレーニングの実施に加え、メンタルトレーニングの学術的な研究も行った。私たちは、日本体育学会、スポーツ心理学会で共同発表を行った。2000年に、トランポリン競技がオリンピック種目に決まり、オリンピック出場の機会に恵まれた。私はオリンピック選手のメンタルトレーニングの経験がなかったから、長田先生に教えを請うた。「石村君、先ずは哲学を鍛えることだ。物の見方、考え方を鍛えなさい。」と言われた。長田先生は古選手をオリンピックに出場させるためのスーパーヴァイザーであった。古選手は世界ランク12位に入り、オリンピックに出場できた。まさに思い続ければ叶うのだと思った。2000年に開催されたシドニーオリンピックに帯同した。

　オリンピック会場にはよく魔物がいるという。そのことを会場で目の当たりにした。予選はランキング最下位の古選手から試技が開始された。古選手は予選を突破し、決勝でも全員の中で最初の試技となったが、最高のパフォーマンスを発揮することができた。しかし、予選では別の選手で波乱がおきていた。ヨーロッパチャンピオンがミスをして、2位で決勝に進むことになったのだ。決勝では予選通過順位の下位から試技をするため、ヨーロッパチャンピオンは決勝の最後から2番目に試技をし、完璧な演技を披露した。その一方で、期せずして予選首位で通過した選手は、決勝であがってしまい、緊張したのか台からはみ出してしまった。その選手はミスなく終了していれば銅メダルは確実であったろうに番外になってしまった。その結果、古選手が6位

古章子（左），長田一臣（中央）

入賞ということになった。オリンピックの怖さをみた思いがする。

　オリンピック後は、古選手は指導者として金沢学院大学に勤務した。その後、岸彩乃選手が2012年ロンドンオリンピックに出場し、私はロンドンまで応援に出かけた。2020年東京オリンピックに向けては森ひかる選手、高木裕美選手らが出場を目指して頑張っている。

古選手オリンピック6位入賞

2）松井秀喜選手（プロ野球選手）

　星稜高等学校の野球部監督だった山下智茂監督から野球部員に対するメンタルトレーニングの講義を依頼され、松井秀喜選手のメンタルチェックを行ったときの話をした。当時、巨人軍に入団する直前であった松井選手に心理パフォーマンス分析を行い、その結果を私は彼にこう伝えた。「松井君、意欲の数値が低いのは、先日国体の試合が終わったばかりなので仕方ないけれど、イメージ力の数値が低いのはだめだよ。頭の中でイメージを想起する力をあげること。イメージが鮮明に描ければ描けるほど、行動しなければならないことが明確になる。イメージがぼやけると行動までぼやける。それはボールとのタイミングが合わなくなるということだ。」

　その後の松井選手の活躍は嬉しいことであった。松井選手は良き師に出会い長嶋監督とともに国民栄誉賞を受け、最年少で野球殿堂入りを果たしている。

星稜高等学校でメンタルトレーニングの授業

松井選手（左から2番目）

松井さん 心の強さ

星稜大が25日講座 データ分析

松井さん心の強さ

山下監督、宮崎学部長、池田先生

強打者生んだ積極性

「星稜・松井」メンタル研究

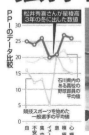

強打者生んだ積極性

3）石川県国体ライフル射撃選手のメンタルトレーニングと心理サポート

　バスケットボール競技以外のスポーツにもメンタルトレーニングは有効であった。2002年に、ライフル射撃競技監督の多賀時夫さんから請われ、ライフル射撃選手へのメンタルサポートを行なうことになった。選手は、私がサポートする以前は、バッシャムのメンタルトレーニングを導入していた。私は森礼次郎先生の指導を参考にしながら、これまでの古章子選手、松井秀喜選手に対するメンタルトレーニングの経験に加えて、禅寺（金沢市長坂町）大乗寺住職の板橋興宗禅師の考案された椅子禅を使用したリラクセーションと、一点集中のヤントラ、センタリング、グリッドエクササイズの集中トレーニングを中心にメンタルトレーニングを実施することにした。

　この頃から、メンタルトレーニングの理論と実践の関係がつながってきたように思う。第57回高知国体（2002年）が開催されたときには、ライフル射撃チームに帯同して試合前後のメンタルサポートを行った。

　国体ライフル射撃選手を対象に心理的スキルトレーニング（目標設定、リラクセーション、集中、イメージトレーニング、セルフトーク）を行った結果、もっとも優秀な成績をおさめた選手は準優勝を勝ちとり、団体としてもよい成績を収めることができた。メンタルサポートの重要性が示唆された大会であったと思う。

　集中力トレーニングにヤントラ、センタリング（ソフトセンタリング、ファインセンタリング）、グリッドエクササイズトレーニングを行なったことで、ライフル射撃における的への注意の焦点化として選手たちへの効果が現れた。

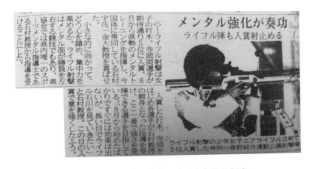

メンタル強化の奏功を伝える記事

　　多賀時夫監督はメンタルトレーニングに関心が強く、期間中、私のトレーニング方法に協力をしていただいた。

　　田村達先生は指導者と同時に選手でもあり、すでに自分自身でメンタルトレーニングを実施されていた経験があったため、私のメンタルトレーニングの導入もスムースに行うことができた。コーチングスタッフの協力があればこそ、メンタルトレーニングの成果が上がる経験をした。

　　この経験のお陰でバスケットボール競技のメンタルトレーニングだけでなく他の競技種目のメンタルトレーニングプログラムの開発が出来た。この実践が次の弓道選手のメンタルトレーニングにも役立つことになる。

4）弓道連盟からの依頼を受け石川県国体弓道選手の心理サポート

　　弓道選手のメンタルトレーニングと心理サポートを行った。かつてカニシャス大学のデリック選手からプレゼントされた書籍『弓と禅』が思い起こされる。弓道選手には心理的プレパレイション（心理的準備）、心の澄まし、注意の集中、どの競技にも必要となる心の準備の訓練をした。石川国体ライフル射撃選手のトレーニングと心理サポートの経験が弓道選手のメンタルトレーニングの役に立った。特に注意の集中のトレーニングに効果があった。女子チームは国体に出場できなかったが男子は第64回大会新潟国体2009年に出場した。成績は近的6位、遠的3位であった。その後、心理サポートは離れたが、その時の弓道選手で友安正人さん、曽山良和さんは今も競

『弓と禅』

技で活躍されている。

5) ロンドンオリンピックメンタルトレーニングセンターを視察

　オリンピック選手が現地でどのように心理サポートされているかを視察する機会があった。JISS（国立スポーツ科学センター）の立谷泰久先生に現地視察の許可を取ってもらった。現地のセンターでは、実際に柔道、レスリングの練習場所を設置しコンディショニング調整まで配慮してあった。畳の部屋も作ってあり選手がリラックスできる空間も設置してあった。また、試合はバスケットボール、テニス、バトミントンを観戦した。バスケットボールの試合は日本に帰国する日であったが試合会場に行き短時間ではあるが観戦できた。テニスはウィンブルドンの会場でロジャー・フェデラー対ファンマルティン・デルポトロの試合とセリーナ・ウイリアムズ対ビクトリア・

キャロラインさんと供に

戦略から和食まで

アザレンカの試合をセンターコートで観戦した。ウィンブリー・アリーナ＆スタジアムで行われるバドミントンは、小椋久美子、潮田玲子両選手の試合を観戦した。また、金沢大学に研究員として所属していたキャロラインさんにお会いすることができた。事前に連絡はしていなかったがまさか再会できるとは思ってもいなかった。ロンドンオリンピック視察の素晴らしいお土産になった。私にとっては久しぶりの海外一人旅で少し不安はあったが、ホテルでは日本からの留学生にお世話になったし、ヴィクトリア駅のバス停では年老いた紳士にホテルまでの案内を親切にしてもらった。日本を離れて他国の人から受ける親切ほどありがたいことはない。思い出の多いロンドンであった。

6. 学会・研修会・フォーラムの開催

1) 第 39 回日本スポーツ心理学会

　東日本大震災後、日本大学で余震を感じながら日本スポーツ心理学会が開催された。次回は東北大学で開催される予定である。しかし、東北地方太平洋沖地震と福島第一原子力発電事故による災害のため開催できなくなった。石井源信学会長と中込四郎理事長から金沢で開催してもらえないかという依頼があった。東日本の大震災への支援をしなければということが頭に浮かんだ。さっそく実行委員会を組織してスタートさせた。名誉大会顧問を稲置美代子稲置学園理事長、名誉大会委員長を坂野光俊金沢星稜大学学長にお願いし、大会開催を引き受けた。運営メンバーは私が実行委員長、副委員長を野田政弘（仁愛大学）、事務局長を村山孝之（金沢大学）が担い、大会事務局は、百海智（金城大学）、桜井貴志（金沢星稜大学）、田中美吏（福井大学）、山口

ポスター発表の風景　　　　　　　　　日本スポーツ心理学会

真史（金沢工業高等専門学校）、川尻達也（金沢工業大学）らで運営していった。

　大会は2012年11月24日（土）・25（日）金沢星稜大学で開催した。プログラムの内容は、口頭発表、ポスター発表、特別講演、大会企画シンポジウム、懇親会であった。特別公演は、村上幸史氏（スズキ浜松アスリートクラブ）を演者に迎え、司会及び対談者として大森重宜教授（金沢星稜大学）に登壇してもらった。大会企画シンポジウムは、山本裕二（名古屋大学）、山田憲政（北海道大学）、藤波努（北陸先端科学技術大学院大学）、藪俊彦（宝生流能楽師）の方々に登壇いただき「スポーツと伝統技能における技の獲得・伝承〜動きの美しさ、卓越さの獲得と意識・無意識の関わり〜」をテーマに行った。途中、藪能楽師には、宝生流の舞を披露して頂いた。3日間で約400名の参加があり、稲置学園80周年に相応しい盛大な学会大会であった。

2）スポーツメンタルトレーニング（SMT）指導士研修会

　日本スポーツ心理学会開催前日にスポーツメンタルトレーニング指導士研修会が行われる。スポーツメンタルトレーニング指導士の資格を取得した人たちの研修会である。講師は、福井県武生市にある御誕生寺住職の板橋興宗禅師に依頼した。演目は、「平常心是道〜ただ息をする、ただ生きる〜」であった。板橋興宗禅師との出会いは、金沢市野田山にある大乗寺住職をなされていた時である。金沢大学時代に「メンタルタフネス論」を担当していた私は、リラクセーショントレーニングの一部に瞑想を取り入れようと考え、学生を参禅させて頂いた。禅師は当時、椅子禅を考案されており、膝の痛い学生にはその椅子禅を使わせてもらった。板橋興宗禅師は金沢市の大乗寺から大本山継持寺の管首を勤められ、曹洞宗管長を務められた。貫首・管長の職を辞し、

板橋興宗禅師

輪島市の総持寺祖院住職を経て御誕生寺を建立し住職になられている。その後は、北國新聞文化センター主催で板橋興宗禅師の特別講座が開催されている。その時私は、北國新聞会館前へ到着される前からお待ちして、講師室へ案内し講座の始まる前のひと時を大切にしてきた。

3）日本スポーツメンタルトレーニング指導士会 2015 東海・北信越支部研修会

　日本スポーツ心理学会が認定する資格にスポーツメンタルトレーニング指導士がある。その資格取得者による“日本スポーツメンタルトレーニング指導士会”の東海北信越支部会長を機会に、2015 年 12 月 19 日（土）金沢市香林坊ラモーダでメンタルトレーニングフォーラム イン 金沢を開催した。内容は、村山孝之先生（金沢大学保健管理センタースポーツ教育部門）『メンタルトレーニングにおける運動学習の支店の導入』門岡晋先生（金沢星稜大学人間科学部スポーツ学科）が「心理サポートにおけるリカバリー評価シートの有用性」黒川純一先生（医療法人桜桂会犬山病院精神科）「思春期特性と不安の視点から見たスポーツ精神科臨床」であった。遠く北海道からの参加者、地元現場の先生方の参加があり盛大に行われた。

選手の精神ケア

メンタルトレーニングフォーラム

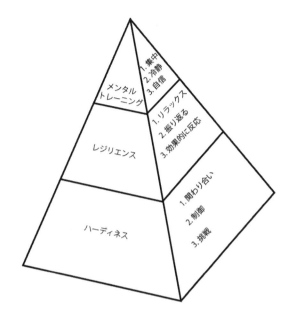

成長するマインドセット

7. ハーディネスからレジリエンスを土台にしたメンタルトレーニングへ
：しなやかな心を鍛える

　物事の捉え方を「認知」という。認知に極端な偏りがある場合に心理的問題を抱え
やすいと言われている。1990 年代以前、世界では強靭な心、頑強な精神「ハーディ
ネス（Hardiness）という考え方が強調されてきた。ハーディネスは「ストレスフル
な生活上の出来事において、ストレス耐性資源として機能する性格特性」と定義され
ている。個人のハーディネスは 1) 関わり合いコミットメント（Commitment）、2) 制
御コントロール（Control）、3) 挑戦チャレンジ（Challenge）の 3 要素から構成される。
組織レベルの 3 要素は 1) 協力コーポレーション（Coopperation）2) 信頼クレディビ
リティー（Creativity）3) 創造クレイティヴィティー（Creativity）である。

　日本でも 2000 年代には、「強い心」を育てることが重視された。同時に「強者」育
成の発想であり競争力を育てることにもなった。一方、世界では徐々に「レジリエン
ス（Resilience)」、つまり心の回復力を育てることを重要視するようになってきた。
近年日本でも「ハーディネス」から「レジリエンス」つまり「心を強くする」ことよ

りも「心の回復力を育てること」が大切だと言われている。個人としてリラックス（Relax）、振り返る（Reflect）、効果的に反応する（Respond effectively）の要素を鍛えることである。スポーツマンは、強靭な心「ハーディネス」と心の回復力「レジリエンス」を土台にしてメンタルを鍛える旅をしているのだ。

8.　メンタルトレーニングに関する著書

1）『バスケットボールのメンタルトレーニング』

　アメリカで本書の原書と出会い、翻訳をしたいと考えた。個人競技のメンタルトレーニングに関しては邦訳した書籍が刊行されていたが、チームスポーツに関するものはほとんどなかった。帰国してから 4、5 年して、世間的にチームスポーツのメンタルトレーニングにも関心が示され始め、バスケットボールの指導仲間である鈴木壮先生、吉澤洋二先生と翻訳した。

　中込四郎さんは論文の中で本書を引用し、「本書は、バスケットボール特有の下位技能や戦術に基づき心理面を配慮したトレーニング方法を提示したと考えられる」と述べている。

　この著書で私が注目したことは、競技選手が最高の成績を発揮するための 3 要素（集中、冷静、自信）、ゲームへの対処法、競技の表面化にあるもの、ゲームに対する心構えや考え方を扱う論理療法：RET（Rational Emotive Therapy, Ellis&Becher, 1982）と呼ばれるセルフヘルプ心理学の方法である。その後の私のメンタルトレーニングの中心課題になった。

『バスケットボールのメンタルトレーニング』

『コートセンス』

2）『コートセンス』

　カニシャス大学でアシスタントコーチをしていた時、メイン大学と対戦したことがある。そのときのことを懐かしくも思い、メイン大学のバスケットボールのヘッドコーチをしていたジョン・ジアニーニの著書『コートセンス』を翻訳した。彼はスポーツ心理学を専攻し、バスケットボールのヘッドコーチをしている。スポーツ心理学の理論を指導に適用しながら次々とチームを強豪校に引き上げ、史上最多勝利賞を獲得し、年間最優秀賞コーチにも選ばれた。

　著書はメンタルな競い合いに強い選手やチームづくりに役立つだけでなく、優れた選手、良いコーチの育成の方法について解説してある。その著書の中で気になる記述があった。選手の＜それ＞についてである。＜それ＞を持っている選手とは、成功するためには何が必要かを把握し、絶えずそれを成し遂げようとする仕方を知っている選手である。＜それ＞とは、特別な選手が持つ特性で、チームを勝ちに導く鍵となる要素―集中、専心、成熟さ、態度、性格、そしてタフさである。バスケットボール指導者は、多くの点で、選手たちがこのレベルになるよう手助けをする。『弓と禅』の著者であるオイゲンヘルゲルの師、阿波研造範士も言っている。「＜それ＞が射るのです」と。競技特性は違うが、バスケットボール、弓道競技の＜それ＞（It）を極める過程は同じように思える。

3）『スポーツメンタルトレーニングの基礎』

　メンタルトレーニング論の講義は、早くからカリキュラムの中に取り入れた。最初は、メンタルタフネス論として担当した。スポーツの技術と共に心も鍛えねば強くならないと日頃から考えていた。当時メンタルトレーニングの方法までは指導できなかったが、メンタルスキルとは、メンタルフィットネスとは、メンタルプラクティスとは、に関して洋書を講読していた。1999年に、第3回国際メンタルトレーニング学会が、アメリカのユタ大学で開催された。実行委員長はキース・ヘンセン（Keith P Henschen）、NBAユタジャズチームの心理サポータであった。その時、国際メンタルトレーニング学会会長のテリー・オーリックや、ウネスタール、ロバート・ナイディファー、といった研究者たちに出会った。日本からは、高妻容一先生（近畿大学）、立谷泰久先生（日本体育大学）が参加されていた。研究の領域は思ったより広く、5つの分野があった。スポーツ選手やコーチのためだけでなく、教育、パーフォミングアーツ、ビジネスマン、すべての人の健康についての領域があった。先に、メンタルトレーニングが私のライフワークの一つになったと書いたが、さらに強くなったのは、

この第3回国際メンタルトレーニング学会に参加したからでもある。メンタルトレーニングの指導の内容も深まり、金沢大学で2単位のメンタルトレーニングを担当するようになり、授業のためのワークブックを作成した。ワークブックを基本にして『メンタルトレーニングの入門』を上梓した。のちに『メンタルトレーニングの基礎』に改定した。

国際メンタルトレーニング学会

第三部

私的バスケットボール指導年表

金沢大学城内キャンパス

金沢大学角間キャンパス

金沢星稜大学

金沢学院大学

第8章　1968年〜1978年

1. 金沢大学教育学部保健体育教室勤務1968年

　金沢大学助手として赴任したのは1968年4月であった。体育教室の第1講座体育学研究室と第4講座球技研究室に所属した。体育研究室は東正雄教授が講座主任、球技研究室は桜井栄七郎教授、そして森田茂男助教授の下で指導を受けた。球技研究室では、バスケットボールの指導、体育学研究室では、体育心理学を担当した。その時は、助手なので実技の指導はできたが、教科としての講義を担当することは出来なかった。体育心理学の講義は、松井三雄先生が集中講義で担当され、のちに奈良女子大学の丹羽劭昭先生が引き継がれて講義と演習をされた。その後、東教授の紹介で、東京教育大学体育学部体育心理学教室の松田岩男教授研究室の内地研究員として指導を受けた。東教授からは、「アメリカで学ぶのもよかろう」とアメリカニューヨーク州バッファローにあるカニシャス大学のフライッシュラグ教授を紹介してもらった。3か月弱という短期間であったが、フライッシュラグ教授から体育心理学の指導を受けた。フライッシュラグ教授からバスケットボールのヘッドコーチ、ニック・マッカーチクを紹介してもらった。東教授の勧めがなければ、松田岩男先生、丹羽劭昭先生、フライッシュラグ教授、ニック・ヘッドコーチとの出会いはなかった。こうして金沢大学、星稜大学、金沢学院大学にわたるのコーチ生活の50年が始まった。

2. 東京教育大学体育学部 松田岩男体育心理学研究室内地研究員1971年

　1971年、松田岩男研究室で文部省内地研究員として1年間学ぶ機会を得た。体育心理学教室の近藤允夫先生、市村操一先生、杉原隆先生らの指導を受けた。院生には2年生の和田尚、海野敬、1年生には松田泰定、金本益男、清水史郎、石井源信、賀川昌ら7名がいた。実家が神奈川県足柄上郡開成町にあったので、毎日、小田急線新松田駅から代々木上原駅まで通学した。この間に東京教育大学バスケットボール部の練習が観察できた。同大学の関口荘次コーチの指導過程を学ぶことができた。大神選手は当時4年生、鈴木壮選手は3年生であった。両名とも、後に大学教授となる。シャッフル・オフェンスをこのときに学んだ。このオフェンスは連続的で、どこからでも攻撃ができるところに特徴がある。当時のルールに、30秒間かけて攻撃しても

よいというルールがありゲームテンポをコントロールできた。シャッフル・オフェンスの効果は次の年の西日本大会で現れた。シャッフル・オフェンスを活用した金沢大学がベストエイトに進んだのである。

3. 西日本学生バスケットボール選手権大会　ベストエイト進出 1973 年

　金沢大学は、私が赴任する前から西日本大学選手権大会には参加していた。ベストエイトに進出したのは 1958 年に卒業した第 6 期生、深井忍（旧姓：森忍）、岩野紀夫、織田英夫選手以来久方ぶりのことだと、笹本先生が部報の挨拶に書いておられた。そのシーズンの第一試合は神戸学院大学に 127 対 35、第 2 試合は名古屋学院大学に 57 対 48、第 3 試合は関西大学に 62 対 37 で勝利した。ブロック決勝は大阪商業大学に 37 対 78 で負け、5〜8 位決定戦は近畿大学に 77 対 43 で負け、7〜8 位決定戦は京都産業大学に 90 対 54 で負けて 8 位となった。最後の 3 試合はすべて敗戦となったが、メインコートで試合が出来たのは嬉しいことであった。ブロック決勝まで進めてきた 4 年生は教育実習を翌日に控えていたので、3 年生以下の後輩に試合を託した形になった。試合は散々な目にあったが選手にとっては、得難い経験となった。その後、ベストエイトへの進出は、2004 年にも果たした。そのシーズンは準々決勝で京都産業大学と対戦した。試合結果は 56 対 56 で延長になり、最後は 68 対 61 で負けた。負けたとは言え選手はよく頑張った。3 回戦まではベンチに座ったのだが、私が付属中学校校長を兼務していて折り悪く会議のためベストエイトのゲームに立ち会えなかった。いずれも悔しい思いをした西日本の大会であった。

4. NCAA バスケットボール試合観戦 1975 年

　1975 年 3 月の 9 日間、30 歳になって初めてアメリカに渡った。カルフォルニア州サンディエゴで開催された NCAA バスケットボール大会を観戦した。この試合を見たことでバスケットボールの見方、考え方が変わった。この渡米を機会に、たびたびアメリカを訪れた。3 か月間カニシャス大学に滞在し、1 シーズンのバスケットボール・オフィスでのコーチングを経験した。また、メンタルトレーニング学会（ユタ州、ソルトレーク）、北米スポーツ心理学会（コロラド州、デンバー）に参加した。この経験で日本のバスケットボールをアメリカバスケットボールの中に位置づけて考えられるようになった。このときの経験によって、バスケットボール指導者としての私が形作られた。視野狭窄に陥らないためにも、自分の身の置き場所を変えてみる必要性を感じた。新しい環境の中で新しい仲間から刺激を受け、指導者としてステップアッ

プしたり自分の研究テーマの範囲を広げたりできる。貴重な経験であった。

・UCLA ヘッドコーチ・ジョン・ウッデン

　サンディエゴで開催された NCAA を観戦した。千葉大学の日高先生を代表とし、大阪商業大学の島田先生、北陸高校の津田先生、いすゞ自動車の監督らとご一緒した。日高先生は UCLA で在外研修をされたこともあり、私の初めての渡米は実りあるものになった。準決勝は UCLA 対ルイヴル大学であった。準決勝から決勝戦までには中一日空き、日高先生の計らいで UCLA の練習を見学することができた。その時、ウッデンヘッドコーチは一人の選手のフリースローの練習のボール拾いをしていた。ヘッドコーチが一選手のためにフリースローの練習に付き合う光景を目にして、選手をいかに大切にしているかが伝わり、試合を前にしてこれ以上のコミュニケーションはないと思った。決勝は UCLA 対ケンタッキー大学で UCLA が優勝した。この試合を最後に、ヘッドコーチ、ジョン・ウッデンは引退を決意された。UCLA のコーチであった 12 年間のうち 10 回の優勝を成し遂げた偉大なコーチであった。

　日本に帰り、金沢大学のバスケットボールチームを、ウッデンヘッドコーチが指導した UCLA のようなチームにしたいと考えた。金沢大学は技術的には未熟であってもバスケットボールに向かう心構えは UCLA の様にありたいと願った。それが私のバスケットボール哲学となった。ジョン・ウッデンヘッドコーチの指導哲学である「成功のピラミッド」を参考にした。

ジョン・ウッデン

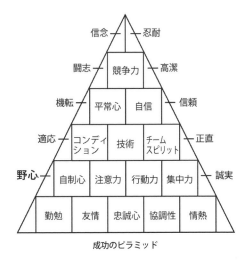

成功のピラミッド

5. 全日本学生選手権（インカレ）出場　1977 年

　インカレに初出場したのはコーチを始めて 9 年目であった。金沢大学で指導して退官するまでの 42 年間で 13 回出場した。初戦で負けたり、1 回戦は勝つが 3 回戦までは進出できなかったりであった。それでも毎年の目標は西日本大会ベストエイト、全日本インカレに出場することであった。地方の国立大学としては、それが最高の目標であった。また、選手も 4 年生になれば何とかしてインカレ出場を果たしたいと目標を設定した。1977 年に初めてインカレに出場したときには、試合前に日本大学バスケットボールチームの細島繁監督に練習試合を組んでいただいた。快く細島監督に受け入れていただき、関東の強豪校と練習することができた。日本大学と練習できたことは学生も喜んだが、私も同様の思いであり、インカレ出場と同じぐらい嬉しかった。

　インカレでは、第 1 回戦を大阪体育大学と対戦し 79 対 58 で勝つことができた。2 回戦は北海道学連の札幌大学と対戦し 60 対 79 で負けてしまった。もう一つインカレ出場で印象深いゲームは、1982 年の試合で関東 6 位の順天堂大学チームに 1 ゴール差 61 対 63(前半 32 － 35、後半 29 － 28) と善戦したことである。このときの敗因は、私が試合終盤にタイムアウトを 3 回も要求したことにある。勝つのではないかと思い冷静さを失った。タイムアウト請求の取り消しをしたが、時すでに遅しであった。相手にフリースローを 2 本決められて試合は終了した。

第9章　1978年〜1988年

1．カニシャス大学　3か月間の研修（インターンシップ）

　島田三郎先生（大阪商業大学教授）に留学先を相談した。島田先生は「アメリカは、日本のバスケットボールコーチにとって宝の山である。先ず、アメリカに渡ることだ」と言われた。講座主任の東正雄教授の紹介で、1981年、1月8日から3月31日まで、アメリカニューヨーク州、バッファローで短期研修の機会を得た。バッファローはニューヨーク州第2の都市である。ナイアガラの滝の近くにある町、また、金沢市と姉妹都市の関係にある。研修を受けたカニシャス大学は、1870年に設立されたリベラルアーツカレッジの一つである。

　私はそこで、バスケットボールのコーチング技術を学んだ。3か月という短い期間であったが、今でいうインターンシップにあたろうか。当時は、「インターンシップ」などという用語はなかったが、35歳にして良き訓練を受けた。将来、バスケットボール・オフィスに入って私がスタッフの一員としてやっていけるかという評価を受ける3か月間でもあった。シーズン後半の3か月ではあったが、ヘッドコーチであるニック・マカーチク（Nick Macarchuk）から様々な示唆を受けた。この3か月弱の滞在で文部省の在外研究員として、1シーズンバスケットボールオフィスに迎え入れてもらえたと思っている。

アメリカのバスケットボールに学ぶ

カニシャス大学

Japanese Basketball Coach Visits, Studies at Canisius

By Bridget Storm Naylor

In recent years, basketball's popularity has grown tremendously in European countries and Japan. In order to keep up with this growth, many European and Japanese college basketball coaches have been coming to the United States to observe our coaching and playing techniques. Usaichi Ishimura is one of them.

Ishimura is an assistant professor of physical education at Kanazawa University in Kanazawa, Japan, and coaches the school's basketball team which ranks among the top 16 in Japan and won its division championship last year.

Ishimura came to Canisius because, "I wanted to learn coaching skills." Although he came up with the $2,000 for expenses from his own pocket, Ishimura feels the trip was worth it because, as Macarchuk explains, "he wanted to improve the program at Kanazawa University."

Ishimura chose Canisius over other colleges because last year Mr. Higashi, head of the Physical Education Department at Kanazawa University, came to speak at Canisius as well as various other colleges and universities in Buffalo (Kanazawa's sister city).

Higashi spoke then with Jerry Frieshlag, chairman of the Canisius Physical Education Department, about the possibility of Ishimura coming to study our basketball coaching techniques. He preferred Canisius because it has the only Division I team in the Buffalo area.

Despite the fact that Ishimura could barely speak a word of English when he arrived, Coach Nick Macarchuk who worked most intensively with Ishimura during his 3-month stay feels that, "For someone who was so far away from home, he adjusted very well."

Ishimura's day normally consisted of intensive English tutoring at the University of Buffalo's Language Center from 9:00 a.m. to 2:00 p.m. Then he would immediately return to Canisius via the metrobus to watch the Griffins practice from 2:30 to 5:00 p.m.

The practices were frequently followed by recruiting trips to local high schools. Macarchuk explains that he did this because, "I wanted to expose him to as much basketball as I could."

Recruiting trips were something new for Ishimura, because Japanese universities don't recruit their players; they merely form their teams from students who wish to play.

Macarchuk recalls Ishimura's feelings about one particular recruiting trip to a high school in Cleveland. "He didn't believe that we would drive that far to see a high school game. He was absolutely amazed."

When they finally got home from this trip at around 3:00 on a Saturday morning and had to spend the night at Macarchuk's house, Ishimura's one comment was "Recruiting is difficult!" From then on, whenever Ishimura was reminded of that trip, he would automatically respond with a groan.

Although they may not recruit, the Kanazawan team certainly is not lacking for enthusiastic players. Throughout the season (which normally runs from April through October in Japan), 30 people regularly attend the 4-day-a-week practices. However, there are only 14 people on the actual playing team.

The height of the Kanazawan team members ranges from 5 feet 4 inches to 6 feet three inches. Thirty-six-year-old Ishimura is himself 5 feet 9 inches tall.

During every one of the Griff's practices, Ishimura would take pages and pages of notes (in Japanese, of course). At the Griff's games, he would give a Japanese play-by-play of the game into his mini-tape recorder so he could play these tapes for his students when he returned to Japan.

Macarchuk recalls several times near the end of a close game when Ishimura "forgot all about the tape recorder. He's stand up and scream and yell." Marcarchuk has no idea what he was yelling, however, because "it was all in Japanese!" By the end of the season, it was apparent that Ishimura had become one of the Golden Griffins' biggest fans.

Although in some areas of study the language barrier could have presented problems in communication, Marcarchuk explains that this was not the case with Ishimura and basketball.

Whenever he had trouble understanding some strategy, Marcarchuk would map it out with X's and O's on the blackboard. "Then you're talking the same language," Macarchuk states, adding that "it made it a lot easier for him."

There are several basic differences between American and Japanese basketball which Ishimura had to adjust to in coming here. For one thing, their key is shaped like a trapezoid instead of a rectangle. The Japanese also play with a 30-second clock and follow European rules.

Macarchuk admits that these factors (along with the fact that the referee does not touch the ball as much) help speed up the action of the game in Japan.

Despite the difference, however, Ishimura after his 3-month stay here affirms, "I learned many things, especially zone defense." In Japan, man-to-man is the primary defensive strategy used. Motion offense was another relatively new concept for Ishimura to grasp.

Macarchuk expresses obvious pride that Ishimura "now has more ideas about these things that he can show his students in Japan."

One of the ways in which Ishimura normally prepares his team for a big game is to show them a videotape of a past game with the upcoming opposing team. He does this about a week before the actual game so that the team can have time to work out the most effective defensive and offensive strategies to use.

The normal warm-up time for the Kanazawan team just before a game runs for about an hour, as opposed to our 20 minutes. Macarchuk feels that this is "too long" for a warm-up.

The two things which Ishimura says he would most like to take back to Japan with him are "good players" (Ray Hall, in particular) and an "English teacher" so that he could continue to study and improve his English.

Macarchuk states sadly that Ishimura "came here a little shy and afraid to take part in things. He leaves now when he is better

(continued on Page 8)

Japanese Coach . . . (continued from page 12)

able to converse with people than ever before."

Although Ishimura became good friends with all of the team members and many of the other students here, Macarchuk notes that he was sure Ishimura must have been "anxious to go home."

Ishimura himself expressed joy at the thought of returning home to his wife and three children in Japan, yet he also felt sadness at having to leave Canisius and all of his new friends here.

"I would like to give my best regards to everyone who has helped me here at Canisius."

Ishimura stated just before his departure last Sunday.

But Ishimura will not be away from Canisius for long. His venture has proved to be so successful, that he will be returning in three years for another session. And this time, Kanazawa University is going to foot the bill.

Coach Nick Macarchuk with Usaichi Ishimura

ニック・マッカーチクと筆者

カニシャス大学バスケット
ボールチームの広報パンフレット

カニシャス大学バスケットボールチームのメンバー

2. バスケットボールのクリニック
：広島工業大学鶴記念体育館落成クリニック1986年

　私が学生時代にバスケットボールの指導を受けた調枝孝治先生、葛原建男先生からクリニックの講師を依頼された。1986年10月25日（土）から26日（日）の二日間、広島工業大学鶴記念体育館を会場にして、広島地区の高等学校・大学のバスケットボール競技者の競技力向上の目的でクリニックを行った。葛原先生の勤める広島工業大学で鶴記念体育館が落成し、その披露もかねていた。広島でバスケットボールに出会い、両先生の指導を受け今日がある。少しは恩返しができたかと思う。

　帰国してすぐの依頼でもあった。2日間であったが、カレッジバスケットボールの組織運営からバスケットボール・オフィスでの経験を話した。

3. バスケットボールのクリニック：石川国体を前に1987年

　66石川国体の準備として1987年5月12日（火）、金沢市の県体育館で、中、高校指導者を対象にしてクリニックを行った。

　1シーズン、アシスタントコーチの経験を生かしながら学んできたバスケットボールの指導過程を披露した。午前の部では、アメリカで学んできたコーチング・クリニックのことを話し、午後からは基本技術を中心に講習会を行った。実技指導は、私が指導している金沢大学男子バスケットボールチームをモデルにした。

体育館でクリニック

先生50人集め講習会

第 10 章　1988 年～1998 年

1．ソウルオリンピック視察 1988 年

　オリンピックのゲームがどのようなゲーム様式か、アメリカのプロバスケットボール NBA と異なり、全世界から選手が集まるゲームのレベルを確認しておきたかった。白橋先生、葛原先生と 3 人でソウルオリンピックの視察を行った。

Preliminary Pool Group A	Preliminary Pool Group B	Semi-Final
AUS 81 - 77 PUR	CHN 98 - 84 EGY	URS 82 - 76 USA
CAF 73 - 70 KOR	BRA 125 - 109 CAN	YUG 91 - 79 AUS
YUG 92 - 79 URS	USA 97 - 53 ESP	
PUR 79 - 74 KOR	BRA 130 - 108 CAN	Final(11-12places)
YUG 102 - 81 CAF	USA 76 - 70 CAN	CHN 97 - 75 EGY
URS 91 - 80 AUS	ESP 113 - 70 EGY	
YUG 104 - 92 KOR	USA 102 - 87 BRA	Final(9-10places)
URS 93 - 81 PUR	CAN 117 - 84 EGY	KOR 89 - 81 CAF
AUS 106 - 67 CAF	ESP 100 - 76 CHN	
PUR 71 - 67 CAF	ESP 94 - 84 CHN	Final(7- 8places)
URS 110 - 73 KOR	BRA 135 - 85 EGY	PUR 93 - 92 ESP
YUG 98 - 78 AUS	USA 108 - 57 CHN	
AUS 95 - 75 KOR	CAN 99 - 96 CHN	Final(5- 6places)
URS 97 - 76 CAF	USA 102 - 35 EGY	BRA 106 - 90 CHN
PUR 74 - 72 YUG	ESP 118 - 110 BRA	
		Final(3- 4places)
Quarter-final	Quarter-final	USA 78 - 49 AUS
YUG 95 - 73 CAN	URS 110 - 105 BRA	
USA 94 - 57 PUR	AUS 77 - 74 ESP	Final(1- 2places)
		URS 76 - 63 YUG
Classification (for 5th)	Classification (for 9th)	
BRA 104 - 86 PUR	CAF 63 - 57 EGY	
CHN 90 - 91 ESP	KOR 93 - 90 CHN	

ソウルオリンピック大会成績

会場での試合の様子

2.　カニシャス大学チームにハワイで再会 1991 年

　カニシャス大学でアシスタントコーチとして過ごして以来、チームに会っていなかった。留学中お世話になったダン・スターさんから「カニシャス大学チームがハワイのライダー大学と試合を行うので宇佐一もハワイに来ないか」と連絡が来た。私は1991 年 11 月 26 日から 12 月 3 日の一週間、Naniloa Hotel にカニシャス大学チームと滞在をした。5 年ぶりの再会である。ニック・ヘッドコーチからマーシヘッドコーチに代わっていた。もちろん 5 年もすればその当時の選手はみな卒業している。しかし、体育局の長であるダン・スターさんをはじめ、トレーナーのピートさん、牧師さんのデューガンさんにお会いすることができた。

　試合前日の練習内容は以下の通りである。1）ストレッチ　2）ランニング　3）two 面パス　4）3 on 3　5）スクリメッジ（オフェンス練習を中心にして）6）Ball 運びの練習（プレスディフェンスに対して）7）スペシャル・シチュエイション（スプレッド、4 コーナー、エンドライン）8）ゾーンディフェンスの練習（1 － 3 － 1、1 －2 － 2）9）シューティング練習（フォーメーションの部分練習の中での）10）対戦するチームのスカウティング結果の報告を説明し、各選手を実際に動かして確認した後クーリングダウン。

　マーシ（Marty）ヘッドコーチの行っている練習過程は、ニック（Nick）ヘッドコーチの時と同じであるのにどうして勝敗に差が出てくるのであろうか。チームの雰囲気が違うようにも感じた。マーシ（Marty）ヘッドコーチの性格も影響しているのかもしれないが、周りの雰囲気作りが出来ていないし、アシスタントコーチの支援も足りない気がする。良きフォロアーの存在無くして、リーダは存在しない。リーダシップに関する研究や文献は多いが、フォロアーシップに関する研究は数えるほどしかない。フォロアーの理解無くして効果的なリーダシップなど望むべくもない。ヘッドコーチとアシスタントコーチの関係の難しさを感じさせられた。

　私の留学中何かと目をかけてくれたアスレティックトレーナーのピートから、チームの状況を聞いた。マーシヘッドコーチは今シーズンで終わりだと話した。彼にはディシプリン（規律）、つまり、自己の規律（Self Discipline）が足りないと話した。彼自身が時間にルーズだと。選手の会話の中に、「疲れた」という言葉がよく聞かれた。カニシャス大学チームはアトランタまで行ってバッファローに帰るという。チームの皆を見送った。

　次は私が日本に帰る番であるが、一人になると何かと不安になるものである。Naniloa Hotel のフランシスさんがとても親切にしてくださった。旅に出て好意を受

けると気持ちが楽になる。旅人には親切にしてあげること。優しさは報われる。親切には親切でお返しをすることだ。

コラム　真珠湾を忘れるな　Remember Pearl Harbor

　ハワイには以前訪れたことはあるが、真珠湾を見学したことはない。試合前日に、カニシャス大学の選手とスタッフの人達と真珠湾のアリゾナ記念館を見学した。海底に沈んだ戦艦アリゾナから、まだ油が浮いて光っていた。戦いの酷さが窺える。留学していた 1985-86 年代、アメリカで師走になると真珠湾攻撃、神風特攻隊、飛行機が撃ち落される映像が放映された。遠征先で若いスタッフがそれを見てジャップ（日本）が先にアタック（攻撃）してきたから我々は戦ったのだと話してきた。一方、オフィスでは日本との開戦記事の一部を新聞からそっと抜き取って置いてあった。さりげない気づかいがうれしかった。太平洋戦争は広島、長崎に原爆投下されて終わった。学生時代には、まだ広島の街中では手足にケロイドが残った人たちが歩いていた。私はハワイで真珠湾を見学し広島では原爆の怖さの中で生活をしてきた。戦争を起こした過去は変えられないが、戦争のない世界にする努力はできる。お互いの国の人が歴史を知り、異なる文化を理解し広い視野でお互いを尊重し認め合う必要性を感じた。2016 年 5 月 27 日、第 44 代バラク・オバマ (Barack Obama) アメリカ大統領が広島に来られ広島平和記念公園を訪問し慰霊碑に献花をされた。忘れられない一日になった。「安らかにお眠りください。過ちは、2 度と繰り返しませんから」(広島原爆ドーム碑)

3. ユニバシアードバッファロー大会視察 1993 年

　アメリカのバッファローにおいて 1993 年 7 月 4 日から 11 日間、学生のオリンピックといわれるユニバシアード夏季大会が開催された。私は日本の組織委員会に視察団の一員になれるよう依頼し、同行させていただいた。バスケットボール担当責任者は、日本バスケットボール協会の副会長であり日本体育大学教授でもある石川武先生であった。大会会場は、カニシャス大学センター、ナイアガラ大学、メモリアルオーデトリアムであった。試合観戦したが会場は懐かしい会場ばかりであった。男子日本チームの成績は、3 勝 5 敗であった。11 位—12 位決定戦では、チェコスロバキア（CZE）に 81 ‐ 94 で負けて 12 位の成績であった。

　留学中お世話になった富士さんと藤田さん二人に閉会式場でお会いした。歌手が歌い、踊り、音楽はまさに世界共通語である。全世界の若人が集い平和を祈る心を一つにする場でもあった。視察団の一行はバッファローからニューヨークに寄った。私は一行から離れ、バスケットボールのコーチングを学んだニック・ヘッドコーチと再会した。その時はホーダム大学のヘッドコーチをされていた。スタッフは、ヴァン・ガンディとデイブがアシスタントコーチをしていた。ホーダム大学の視察後、ニック・ヘッドコーチのお宅に案内された。私が初めて訪れたときに、お土産として持参した日本人形が玄関に飾ってあった。私はそれに気が付かず話に夢中になっていたが、奥さんが途中、「宇佐一が持ってきた日本人形だ」と伝えてくれた。うかつにも奥さんのおもてなしに気づかなかった。奥さんからおもてなしの気づきを学ばせてもらった訪問であった。

ユニバシアード

4. ひまわり大会の開催 1993 年

　アメリカでサマーキャンプのシューティング・クリニックを経験した。そして、帰国したら小学生を対象にミニバスケットボール交流会を開催しようと考えた。バスケットボールの試合の楽しさ知り、興味関心を持ってもらうのがねらいであった。石川県にミニバスケットボール連盟を設立し、石川県バスケットボール連盟の会長でもある宇野邦夫先生に会長になっていただいた。

　会場は金沢大学角間キャンパスの体育館で、2 日間行なった。その間、金沢大学男女バスケットボール部員が運営にあたった。児童たちへの接し方は小学校の先生方、宮崎繁夫、岩田範夫、二口伸也、網谷豊、長野真一、柚木伸介、龍田美樹先生の指導を仰いだ。先生方の協力がなければ石川県ミニバスケットボール連盟は継続されなかった。

地域貢献特別支援事業とし交流活動

　平成 17 年度子ども夢基金助成（子どもの体験活動助成）を受けた。バスケットボールを通して小・中・高生と大学生バスケットボール部男女部員の交流活動が行われた。

ひまわり大会のポスター

子どもゆめ基金

目的は 1) 大学による地域貢献、2) 小、中、高校生への一貫指導、3) 大学生のインターンシップ

　期待される成果は、できるだけ試合経験を多く積ませることで、ゲームの中でしか習得できない技術を身につけることであった。さらに小学校 4 年生から 6 年生まで（選手の少ないチームは 2 年生 3 年生も参加している）異年齢混合のチームは、年齢差に違いのある選手が混ざり合う環境によって、選手達が自主的に学ぶ場ともなる。ひまわり大会に参加した選手が金沢大学に入学してきたり、実業団で活躍したりして選手が育った。時代の流れとともにこのひまわり大会も様変わりしていく。同大会は石川県ミニバスケットボール連盟の一つの行事として開催されることになった。これまで協力してもらった金沢大学、星稜大学、金沢学院大学の男女バスケットボール部員には感謝しかない。

エンゼルス誕生

次の文章は『唯一心 石村宇佐一教授退職記念誌金沢大学バスケットボール部60年の歩み』からの引用である。

＜ひまわり交歓会の歩み＞

　第1回ひまわり交歓会が開催されたのは16年前、平成5年から始まりました。石川国体の関係者であった石村先生が、国体が終わってからミニバスの理事長になられました。そして石川県ミニバスケットボール連盟の基礎を作られました。子どもたちに少しでも多くバスケットボールの試合をする機会を与えたいと、第1回ひまわり交歓会は開催されました。「夏の暑さにも負けないような、子供たちの元気にあふれた大会にしたい」という思いから「ひまわり交歓会」と名づけられました。また、女子バスケットボール部が小学生の招待試合を担当するということもあり、チームマスコットであるサンフラワーズ（ひまわり）も由来のひとつです。当時、石川県のミニバスは全国的にもトップレベルにあったため、大会の質や子供たちの目標も「試合に勝つこと」になっていました。しかし、石村先生をはじめ、石川県ミニバスケットボール連盟の方々の「バスケットボールを多くの子供たちに普及させたい」、「バスケットボールの楽しさを伝えたい」という熱い思いから、多くのチームが、たくさん試合が出来るようにとひまわり交歓会が始められました。また、子供たちが大学生と共に試合を支える側の仕事を経験することもねらいの一つです。チームオフィシャルの席に座ってスコアシートの書き方を学ぶ。デジタルタイマーの操作方法を学ぶ。そのような基本的なことを小学生のうちに伝えることは、子供たちが今後バスケットボールを続ける上で必ず役に立つことでしょう。各チームのコーチの方々からは毎年感謝のお言葉を頂いております。なかなか技術指導以外のことを日々の練習で教える機会が設けることができない中、大学生による指導なら小学生も素直に聞く姿勢が嬉しいと。ミニバスの理念は「ほほえみ・友情・フェアプレイ」です。この小学生に指導するために、大会運営には学生が携わってきました。普段は選手としてバスケットボールを行う主役としてコートに立つことが多い学生が、運営や審判など大会を支える立場からバスケットボールに携わるとて

も良い機会となりました。バスケットボールの試合をするには陰で沢山の人の支えがあること、その上で試合が成り立っていることを学生は招待試合の中で学び、自分たちが選手としてコートに立つ時も常に感謝の気持ちをもつことができるようになりました。また、審判では上級生から下級生に技術の指導があり、できるようになると楽しさを覚えます。1 回生の頃は笛の音も小さく、頼りないジェスチャーで審判をしていた学生も 4 回生ともなると、成長した姿をみせてくれます。その姿が下級生へと引き継がれてゆくのです。石川県でご活躍されている審判員の中には数多くの OB・OG の方々がいらっしゃいますが、学生の頃には本大会で小学生と一緒にコートを駆けていました。平成 18 年度の第 13 回大会には「子どもゆめ基金」（独立行政法人国立オリンピック記念青少年総合センター）の助成金援助もあり、金沢大学バスケットボール部員によるクリニックが行われました。シュート、パス、ドリブルといったバスケットボールにおける基本動作の習得を目標とし、小学生との交流を深めました。また大学生のバスケットボールの技術を実際に自分の目で見る貴重な機会にもなりました。はじめて見るダンクシュートに子供たちは憧れの眼差しを送っていたことが、なんとも印象に残っています。

　平成 19 年度の交歓会もまた特別なものでした。同年度の 3 月、能登半島地震がありました。しかし、そのような中、能登からも参加してくださるチームもありました。子どもたちを元気付けるため、地域の皆さんを元気付けるためにもひまわり交歓会の開催はとても意味のあるものであったと思います。平成 20 年度には、いしかわ総合スポーツセンターが完成しました。石村先生がその設立に大きく関わっており、石村先生の「子どもたちに夢を与えたい」という強い思いにより、スポーツセンターでの開催が実現しました。これまでは金沢大学の角間体育館で開催されていましたが、第 15 回大会から会場を変え、バスケットボールコートが 6 面あるスポーツセンターで行うことになりました。「子供たちに大きく、きれいな会場でバスケットボールをするチャンスを」という石村先生の強い希望があって実現した交歓会は、ミニバスケットボール連盟の方の尽力と学生の協力あってのものでとてもよい大会になり、その結果第 16 回大会も同じくスポーツセンターで開催することができました。石村先生のご退官と共にひまわり交歓会は今回で幕を閉

じようとしていましたが、ミニバスケットボール連盟の方の「学生の方と一緒になってすることに意味がある大会なのでぜひ今後も続けてほしい」との強い要望もあり、これからも継続していく予定であります。バスケットボールをするだけでなく多方面から見ることができるひまわり交歓会は、学生にとって大変貴重な機会であり、同時に子供たちにとっても大学生との交流を深めることのできる交歓会だと信じております。

ひまわり大会を通して

金沢大学女子バスケットボール部３年

西田　夏希

　私とバスケットボールとの出会いは、小学校３年生のときでした。姉が通っていたミニバスケットボールクラブに遊びに行ったときに、誘われたのがきっかけでした。それから12年間、私とバスケットボールは切っても切れない関係となりました。小学校の頃はバスケットをすることがとにかく楽しくて、いつもミニバスに行くのを楽しみにしていました。その中でも、ミニバスが参加する大会のうちの一つである、ひまわり大会は毎年、とても気合を入れて参加していました。４年生の頃に初めて試合に出させてもらい、何もできず悔し涙を流したことを今でも覚えています。それほど思い出のある大会でした。さらに、大会の運営やお手伝いをしてくださっていたのが金沢大学であったことをきっかけに、また、私の恩師である長野真一先生が金沢大学の出身であったこともあり、私が６年生の頃に調べ学習で新聞記事をつくる際、石村宇佐一先生が小学校に来て講演をしてくださいました。その講演の後、クラス全員で石村先生にお手紙を書きました。石村先生はその時に私が書いた質問に対し、とても丁寧に答えてくださいました。そのときの思い出や、ひまわり大会といったご縁があり、金沢大学に進学し、バスケットボールをすることを目標と定めました。目標を達成するために、中学、高校とバスケットボールと勉強に明け暮れました。そして、金沢大学に入学す

ることができ、女子バスケットボール部に所属することができました。金沢大学のお兄さん、お姉さんに憧れていた私が、今はその立場にいることにとても喜びを感じます。ひまわり大会で体育館の中を思いっきり走り回り、ボールを追いかける子どもたちの姿を見て、自分の小学生の頃を思い出すとともに、ここに私の原点があると感じました。純粋にバスケットボールを楽しむという気持ちを持ち続け、これからもバスケットボールと共に歩んで行きたいと思います。そして、これからも多くの子どもたちにバスケットボールの素晴らしさを感じてもらえる場として、ひまわり大会が存在していくことを心から願っています。最後になりましたが、この場をお借りして、私に素晴らしい出会いをもたらし、私を成長させてくださいました石村先生に感謝の気持ちを述べさせていただきたいと思います。本当にありがとうございました。

第 11 章　1998 年～2008 年

1. 古章子選手への心理サポート 2000 年

　シドニーオリンピック大会にトランポリン選手として出場した古章子選手の大学入学から大学院在学中、そしてオリンピック大会に渡って心理的スキルトレーニングを行い心理サポートをした。その結果、オリンピックでは6位入賞という成績であった。

Acanthus News

TOPICS

トピックス

心理的サポートで
シドニーオリンピックへ

オリンピック会場で（石村教授と古選手）

　教育学部石村宇佐一教授（体育学・スポーツ心理学）は、9月20日から25日までの6日間、オリンピックに出場し、6位で入賞したトランポリンの古章子選手（金沢学院大学非常勤講師）の心理的サポートとして，オーストラリアのシドニーへ。石村教授は，古選手が金沢大学の入学から大学院教育学研究科修士課程修了までの6年間、指導した。

石村教授談

　古選手は本学に入学以来、私の研究室でメンタルトレーニングを勉強しました。競技当日「集中せい」と励ましました.オリンピックは異常な雰囲気につつまれ、そこでの競技をすることは強い精神力が要求されます。その中で、古選手はよく頑張って成果をあげたことは立派でした。私自身も貴重な経験をさせて頂きました。本学では、かつて体操で辻宏子さん

をオリンピックに送りこんだ実績があります。地方からオリンピックに送りだせる国立大学といえます。

　10月に開かれる体育学会で「スポーツ科学の21世紀への提言―シドニーオリンピックに学ぶ」シンポジウムで座長をつとめます。今回の経験を生かしたいと思っています。

　シドニーでは、私の専門であるバスケットの競技を、2時間も並んでやっとチケットを手に入れ観戦しました。激しいアップダウンのマラソンコースをバスで走り、優勝した高橋尚子選手のすばらしさを改めて感じました。

　シドニーはきれいな町です。美術館の横に憩いの場があるなどは、金沢も学びたいですね。

オリンピックが開催されたシドニーのハーバードブリッジ（石村教授撮影）

古選手へのサポートを特集した記事

『唯一心』

林勇二郎学長

2．金沢大学バスケットボール部 50 周年記念 2000 年

　金沢大学バスケットボール部 50 周年記念誌として『唯一心』という部報を刊行した。米村豊先生（19 期生）、太田信先生（22 期生）、斎藤暁人先生（48 期生）を中心に編集し、林勇二郎先生から「バスケットボール部の創設 50 年を祝して」とお祝いのお言葉を頂いた。

3．全国国公立大会優勝 2001 年、2003 年

　2001 年のシーズン前は関東に遠征をして強豪チームと練習試合を実施していた。同じ国立大学同士で試合が行え、東京大学、京都大学それに筑波大学の参加があり、試合数も多くあるので参加することにした。学問では日本を代表する東京大学、京都大学のチームが参加しているこの大会で、金沢大学の選手にも学業とバスケットボールを両立させている選手が、どれだけ厳しいゲームをするかを経験させるのが目的でもあった。私は、群馬大学の鈴木武文先生の後任として大会会長を引き継ぎ金沢大学を退職するまで大会運営に関わった。厳しい学業は心と人格を強くする。アメリカのアイビーリーグは、優れたバスケットボール選手であり、なおかつ学業優秀な学生がいることを誇りにしている。彼らの多くはかなり成功をおさめた卒業生になっていく。バスケットボールと勉学に自分の力のすべてを注いでいる。バスケットボールは人格を形成することができる。楽しさ、素晴らしい思い出、興奮そして友情をもたらしてくれる。金沢大学は 3 回優勝したが、同じ国立大学同士で切磋琢磨できる大会でよかった。

　日本版 NCAA はアメリカの NCAA の成り立ちやこれまでの役割、さらに大学の構造を理解したうえで、日本の大学にも参考になるものを取捨選択していくことが重要

全国国公立大会で優勝したときの記事

であろう。スポーツか勉学かの二者択一ではなく、トップアスリートになるためには、学業もスポーツも頑張ることである。学生として学び、そして一人の人間としても成長し、社会に貢献して欲しい。

4．高校生の招待試合 2002 年
＜高校生招待試合＞

　毎年、春季に高校生を招待して試合を行っていた。一方で、大学においては、高校生にむけたオープンキャンパスが開催されることになった。バスケットボール部による高校生の招待試合は、オープンキャンパス内の一行事として位置づけられ、学生を集める一つのモデルケースとなった。招待試合は、大学生、高校生のレベルアップと地域貢献を目的とした。試合をこなすだけでなくバスケットボールクリニックを行い、高校生と大学生の深い交流を目指す中で、金沢大学をより身近な大学として感じてもらった。参加校に関しては、金沢大学の OB・OG の方々が指導している高校をはじめ、部員の出身校である高校を招待した。大会運営は本学のバスケットボール部員が主となり行い、石川県バスケットボール協会、金沢大学教育学部附属高等学校、北國新聞社、さらに本学の OB・OG の方々のご厚意・ご協力の下、盛大に大会を開催することができた。

5．ダイヤモンド・サマーキャンプの開催 2003 年

　中学生との交流活動として、ダイヤモンド・サマーキャンプと題した交流会を開催した。第 1 回は、2003 年 8 月 2 日（土）、3 日（日）の 2 日間。場所は、金沢大学角間キャンパス体育館、金沢大学教育学部附属中学校体育館で行った。参加チーム数は、男 21、女 16 の計 37 チーム、総参加人数は、男 405 名、女 253 名、計 658 名であった。教師を目指す部員には、現場経験の前段階として中学生と交流しながら指導技術

習得の場ともなった。

　私は、金沢大学附属中学校長を 2002 年に兼務することになった。附属中学校のバスケットボール部は県体でも優勝したことがある伝統校でもあった。金沢大学女子バスケットボール部の OG であり、体育主任でもあった佐々木久美子先生、それに小山均先生の協力を得て、試合経験の少ない選手が少しでも試合の楽しさを味わうことを目的にサマーキャンプを開催した。中学生を優れた選手に育てるには、試合が楽しく、練習するのが好きだからプレイするという動機づけが必要である。「試合に勝つことは素晴らしい。試合をすることはもっと素晴らしい。しかし、試合を愛することが最も素晴らしい」とフィラデルフィアにあるペンシルバニア大学の記念碑に書かれている。

　　　　自分のしていることが好きでなくては、技術の向上は望めないし、
　　　　　そして何よりバスケットボールを愛することはできない。

金大生の胸借り特訓　　　　　　　　　金大で夏休み特訓

『唯一心』＜中学生招待・交流試合＞より引用

　2003年当時、小学生対象のひまわり交歓会とオープンキャンパスに併せて行われていた高校生招待試合があったが、中学生を対象としたものはなかった。そこで、これら2つの大会に金沢大学バスケットボール部が夏休みを利用して地域貢献とレベルアップを目的に開催している高校生対象の招待交流試合に、新しく中学生部門を加えることで県内の小中高一貫の強化・交流を促進する1本の柱ができた。開催にあたり、総責任者となった学生たちが県内中学校へのお知らせや参加メンバー表の送付、開催会場の手配やパンフレット作成などを行った。そしてひまわり交歓会同様、大会運営は金沢大学バスケットボール部の部員が携わった。大会運営の難しさや無事終わった時の達成感、さらには多くの人への感謝の気持ちを体験する貴重な場となった。加えて、大会運営に関しては当初から金沢大学教育学部附属中学校（現金沢大学人間社会学域学校教育学類附属中学校）や北國新聞社、県内各体育館のご厚意・協力があり、盛大に大会を開催することができた。大会中は毎回、中学生の元気ではつらつとしたプレイ、裏方として走り回る大学生、上級生からの審判指導を真剣な眼差しで聞く下級生、オフィシャル席で繰り広げられる大学生と中学生のほほえましい交流、大きな声援を送ってくださる保護者の方々など、非常に内容の濃い時間を共有することができた。2005年には小中高校生招待試合が独立行政法人国立オリンピック記念青少年総合センター「子どもゆめ基金」助成対象活動に指定された。この年の第3回大会は、金沢大学バスケットボール部の部員がバスケットボールクリニックを実施し、シュート、パス、ドリブルの基本を楽しく指導し、大学生とのふれあいの場となった。2008年には石村先生のご尽力により、いしかわ総合スポーツセンターが完成した。それまで角間体育館や附属中学校体育館、県内体育館を使用していたが、バスケットコートが6面使用できるいしかわ総合スポーツセンターで行うことにより、より効率的にそしてスムースに大会を進めることができた。中学生にとっても大きくて明るい同体育館を使用できることでのびのびとプレイしているように思われた。2009年には保護者からのご意見を参考にし、中学生交流試合と名称を変更し実施した。大会の大きな目

的である『試合を通して石川県中学生バスケットボールのレベル向上を目指す』ということも一定の成果を上げつつある。

第 12 章　2008 年～2018 年

1．金沢大学バスケットボール部 60 年の歩みと私の退職記念誌 2010 年

　2010 年に金沢大学バスケットボール部は創立 60 周年を迎えた。そして、この年は私が 42 年間務めた金沢大学を退職した年でもある。記念誌を、『石村宇佐一教授　退職記念誌　金沢大学バスケットボール部 60 周年の歩み』として当時の主将であった東勝彦君（58 期生）と川尻達也君（58 期生）が中心となって編集した。金沢大学学長の中村信一先生からは「石村宇佐一先生の御退職に寄せて」との一文を頂いた。

『唯一心』

中村信一学長

2．金沢星稜大学 5 年間：2011 年～2015 年

　金沢大学を退職したのち、金沢星稜大学に勤務した。担当科目は、スポーツ心理学、メンタルトレーニング論そして専門演習等であった。金沢大学では長年男子バスケットボール部の顧問として指導しており、北信越大学バスケットボール連盟の理事、理事長、会長を務めてきた。人間科学部に子供学科とスポーツ学科が創設されたことを機会に、女子部にもバスケットボール部をつくりたいという学生が集まり顧問を依頼された。2011 年の笹本杯争奪北信越大学バスケットボール大会は、4 部からスタートして優勝し 3 部に昇格した。次のシーズンの 2012 年は、準優勝で 2 部には上がれなかった。しかし、大阪で開催された西日本学生バスケットボール選手権大会に初出場した。北信越地区以外の大学チームと初めて試合をし、石川県から参加している大学の中で唯一 3 回戦まで進出した。3 回戦の対戦相手は、昨年度準優勝の鹿屋体育大学であった。創部 2 年目でよく選手は頑張ったと思う。これまで指導をしてきた国立大学は、選手の旅費宿泊代は自己負担であった。それだけに経費が掛かるのでその心配

をしてきたが、私立大学では宿泊代は出ないものの大学所有のバスを出してもらえる。大学から試合会場までの行程は、星稜大学と書いた青いバスとプロの運転手さんの手配をしてもらえるから安心して試合に臨めた。

　2013 年は石川県会長杯争奪バスケットボール大会で初優勝を飾った。さらに、県バスケットボールリーグ戦入れ替え戦に勝って県リーグ昇格を決めた。2014 年笹本杯争奪北信越大学バスケットボール春季リーグ戦において、3 部リーグ優勝をし 2 部昇格を果たした。創部当初から掲げてきた 2 部優勝を果たすことができた。金沢大学の 42 年間も短かったが、金沢星稜大学の 5 年間は矢のように過ぎ去った。

３．金沢学院大学３年間：2015 年～2018 年

　金沢学院大学に大学院が設置されるのを機に、スポーツ健康学部に勤務した。男子バスケットボール部の監督になったが、5 名しか部員がいなくて他部から選手を借り出す状態であった。何とか立て直し、西日本大会、北信越学生バスケットボール大会に出場することができた。チームの再建のため、外部コーチを依頼した。我慢の 3 年間であったが、いろいろな経験をさせてもらった。幸いなことに金沢学院高等学校は春季大会で優勝し、ウインターカップに出場するまでになった。いずれ部員も増え、チームとして強くなっていくであろう。チームが強くなるには時間がかかる。

星稜大学西日本学生バスケットボール
選手権三回戦進出

金沢学院大学のバスケットボール部

付　録

付録 1 ：

カニシャス大学ゴールデングリフィンズ 1985-1986　対戦スケジュール

CANISIUS COLLEGE
GOLDEN GRIFFINS
1985 - 1986 CAGE SCHEDULE

DATE	OPPONENT	SITE	TIME
Nov. 23	Cornell University	AUD	7:35
Nov. 27	Mansfield State	KAC	7:35
Nov. 30	Iona College	Away	3:00
Dec. 3	Clarion State	KAC	7:35 (1)
Dec. 7	Michigan State	Away	3:00
Dec. 12	*U/Hartford	Away	7:30
Dec. 14	St. Bonaventure	Away	7:30
Dec. 21	Duquesne University	AUD	7:35
Dec. 31	*U/Vermont	Away	3:00
Jan. 4	*U/New Hampshire	Away	3:00
Jan. 8	*Siena College	Away	7:30
Jan. 11	*U/Vermont	AUD	9:00 (2)
Jan. 15	*U/Maine	Away	7:30
Jan. 18	*Niagara University	NFCC	7:30
Jan. 22	*Colgate University	Alumni Arena	7:00 (3)
Jan. 25	*U/New Hampshire	AUD	7:35
Jan. 28	*Colgate University	Away	7:30
Jan. 30	*Boston University	AUD	7:35 (1)
Feb. 1	*Northeastern University	AUD	9:00 (4)
Feb. 5	St. Francis, PA	Away	7:30
Feb. 8	*Siena College	AUD	2:05
Feb. 10	*U/Maine	KAC	7:35 (1)
Feb. 15	U/Dayton	NFCC	9:00 (5)
Feb. 17	*U/Hartford	KAC	7:35
Feb. 20	*Boston University	Away	8:00
Feb. 22	*Northeastern University	Away	7:30
Mar. 1	*Niagara University	AUD	8:05
Mar. 4,6,8	NAC Tournament	TBA	TBA

*ECAC North Atlantic
(1) Lady Griff preliminary · 5:15 p.m.
(2) U/Buffalo vs. Mansfield · 7:00 p.m.
(3) U/Buffalo vs. Brockport St. · 9:00 p.m.
(4) Lady Griffs vs. Slippery Rock · 4:45 p.m.
    Niagara vs. Boston University · 7:00 p.m.
(5) Niagara vs. Hartford · 7:00 p.m.

付録2：

1）コンディションプログラムと体力強化プログラム

1．ランニング・プログラム
(1) LSD (Long Slow Distance)
　ゆっくりと長い距離 (LSD) のランニングは，他のチームメイトと一緒に談話できるような快適なペースで走るそのランニングは全体の消耗的なものでない。可能な限り芝生の上を走る。
(2) IT (Interval Training)
　インターバル・トレーニング (IT) は，限界の距離を行う。短時間で疾走できる完全な距離を走る。
　次のダッシュのためにただちに歩くか休む。歩くことは普通のペースで行う。
(3) 第1週：週に3日 LSD 1〜2マイル (1609〜3218m)
　　第2週：週に3日 LSD 2マイル (3218m)
　　第3週：月，水　IT 40ヤード (36m56cm) ダッシュ
　　　　　　　　　　　40ヤード歩く×10セット
　　　　　水　　　　LSD 2マイル
　　第4週：月，水　IT 20ヤード (18m28cm) ダッシュ
　　　　　水　　　　LSD 2〜3マイル (3218m〜4827m)
2．エアロビック・プログラム
(1) 1に同じLSD, IT
　　第1週：週に3日 LSD 1〜2マイル
　　第2週：週に3日 LSD 2マイル
　　第3週：月，金　LSD 2マイル
　　　　　水　　　IT 20ヤードダッシュ10秒休憩×15
　　第4週：月，金　LSD 2〜3マイル
　　　　　水　　　IT 40ヤードダッシュ15秒休憩×10
(2) 週2回 (火，木)，専門のインストラクターの指導によりエアロビックダンスを行う。
3．ウエイト・トレーニング・プログラム
　　a．Pull Over
　　b．Arm Curl
　　c．Leg Extention
　　d．Leg Curl
　　e．Bench Press　　　　　　　　　　　　　※ a〜j の項目はカニシャス大学のアスレチック・ト
　　f．Incline Press　　　　　　　　　　　　　　レーナーによって個人，個人に与えられた負荷，回数，
　　g．Behind Head Press　　　　　　　　　　セット数で週3回の割合で行われた。
　　h．Tricep Extention
　　i．Squat
　　j．Calf Raise
4．ストレッチ
　・Hamstring のストレッチ
　　1．仰向けに寝て，パートナーに片足ずつ伸ばしたまま頭上に持っていかせる。
　　2．苦痛なく後方に伸びる。（5秒間）
　　3．パートナーに向かって押し出す。（足が動かせないように5秒間保つ）
　　4．できる限り後方へ持っていく。（5秒間）
　　5．パートナーに向かって押し出す。（足が動かせないように5秒間保つ）
　　　　※逆の足も同様に繰り返す。反動をつけず，一定の力を保つ。
　・アキレス腱，ふくらはぎのストレッチ
　　1．顔を壁に向けて，壁から大体30インチ (76cm) 離れて立つ。
　　2．かかとが床につけたままで，手を壁につけて肘を曲げた状態でもたれかかる。
　　3．伸びていると感じるまで床から爪先をはなし，30秒間保つ。
　　4．壁から離れた方向へ足を動かすと新たな伸びが得られる。
　　5．片足を壁に近付けることにより，おのおのの足が伸ばされる。
　　・肩，胸のストレッチ
　　1．腕と共に頭を壁に向け，壁に対して水平に（親指と人差指側へ）伸ばす。
　　2．快適な伸展が得られるまで反対の方向へゆっくりと回る。
　　3．30秒間保った後，わずかに15秒間ゆるめる。これを片腕3回繰り返す。
5．握力・トレーニング
(1) Isometric
　　　両手を合わせて指先と指先を重ね，充分な収縮が得られるまでゆっくりと押す。その後ゆっくり解除する。
(2) 第1週　1セット (12回)
　　第2週　2セット (12×2)
　　第3週　3セット (12×3)
　　第4週　4セット (12×4)
6．ジャンプ・トレーニング
　　第1週：かかとが床に当たったときできるだけ高く，ジャンプする。それを繰り返す。1セット
　　　　　15回の反復
　　第2週：床から6インチ (15cm) 離れたところに立ち，跳びおりる。
　　　　　かかとが床に当たったとき，できるだけ高くジャンプする。
　　第3週：第2週と同じ。20回1セット
　　第4週：第2週と同じ。20回1セットを段を利用して行う。

2) テスト項目の測定と記録方法

（1）スピードテスト
「40 Yard Dash」
40 Yard Dash（36.56ｍ）の直線路を全力疾走する。スタートから36.56ｍ地点を走者の胴が通過するまでの時間を測定する。テストは２回実施して良い方を記録とする。＊40ヤード走＊
（2）パワー（瞬発筋力）テスト
「Vertical Jump」
片足を壁に接し、他足を外接して立ち、片手を可能な限り上に伸ばし壁に触れ、印をつける。次に壁から20cmの線に外接して立ち、その場で、できるだけ高く跳び上がり、壁に触れた指先の高さと、印との差を記録とする。記録はcm単位とし、２回実施して良い方を記録とする。
＊垂 直 跳 び＊
「Long Jump」
踏切線を踏まないようにして両足をわずかに開いて立ち、両足踏切で、できるだけ遠くへ跳ぶ。踏切線と着地した地点との最短距離をcm単位で測定する。テストは、２回実施して良い方を記録とする。
＊立ち幅跳び＊
（3）静的筋力テスト
「Right Grip」
握力計の指針が外側になるように持ち、人差指の第２関節がほぼ直角になるように握り幅を調節する。直立姿勢で腕を自然に上げ、握力計を全力で握り、記録を読む。単位はkg単位として、２回実施し良い方を記録とする。
＊右 握 力＊
「Left Grip」
　　　　　　　同　　　　　　　　　　　上　　　　　　　　　　　　　　　＊左 握 力＊
（4）筋持久力テスト
「Bench Press」
ベンチに仰向けに寝て、150ポンド（68.18kg）のバーベルのバーを肩幅よりやや広めに握り、ゆっくりと胸の真上に、肘を伸ばしながら押し上げる。バーベルの最高挙上回数を記録とする。
（5）柔軟性テスト
「Sit and Reach」
足を伸ばして座り、かかとの間隔を約20cm開く。膝が曲がらないようにしながら、上体を前屈し、両手を前方にできるだけ伸ばす。指先が達した最も遠くの点とかかととの距離をcm単位で測定する。かかとの線を越したとには（＋）、達しないときは（－）とする。テストは２回実施して、その良い方を記録とする。
＊長座体前屈＊
「Shoulder Dislocate」
目盛りの付いたバーを両手で肩幅より広めに握る。両肘を伸ばしたままバーを頭上に持っていき、その状態のまま体の後ろまで回す。次に、体の後ろに回したバーを、頭上に通して両手の前までもってくる。この時、肘は伸ばし続けなくてはならない。肘が曲がるまで両手の間隔を縮め、最も両手の間隔が短いときの距離をcm単位で記録する。
＊肩関節柔軟性＊
（6）敏捷性テスト
「Side Step Test」
間隔120cmの平行線の中央線をまたいで立ち、合図で左側、または右側の線を越すか、触れるまでのサイドステップを行う。この運動を30秒間繰り返し、両端の線を越す、もしくは触れる毎に１点とする。テストは１回実施し、それを記録とする。
＊反復横跳び＊
＊文部省「スポーツテスト」の反復横跳びは、中央の線も数える。
（7）全身持久力テスト
「Harverd Step Test」
高さ40cmの台を、１分間に30回の割合で３分間継続して昇降する。昇降運動終了後は台に腰掛け、運動後１分～１分30秒、２分～２分30秒、３分～３分30秒の３回、脈拍を測定する。テストは１回実施し、判定指数は、次の公式によって求め、記録とする。
＊踏台昇降運動＊

$$判定指数 = \frac{昇降運動継続時間（秒）\times 100}{3回の脈拍数の合計}$$

＊文部省「スポーツテスト」の踏台昇降運動の場合

$$判定指数 = \frac{昇降運動継続時間（秒）\times 100}{2 \times （3回の脈拍数の合計）}$$

付録3：

練習過程と練習内容（第45回、第60回、第90回）

1）第45回の練習スケジュール

CANISIUS COLLEGE BASKETBALL PRACTICE #45

Wednesday, December 11

Daily Objective: To make sure we put forth the effort necessary against Hartford

10:00 a.m. - Michigan State video

10:25 a.m. - University of Hartford Scouting Report

10:40 a.m. - Stretching - notebooks on the trip with you, fines, gasers must be at zero before you leave today, we leave from KAC at 6:00 p.m. by van and cars; wear shirt and tie.

10:50 a.m. - Jump rope - use the full five minutes - time them

10:55 a.m. - Full court transition - bouncing and hedging

10:58 a.m. - 1/2 court early offense - three teams
      1) Jackson, Smith, Pony, Chris and Tim
      2) Nick, Grady, Taggart, John and Russ
      3) Jamel, Eyal, Dwight, Edwards, Brown and Kop

11:03 a.m. - Three team full court fast break drill with transition
      1) make it continuous

11:15 a.m. - 3on2　2on1

11:20 a.m. - Gasers

11:25 a.m. - Defend double stacks in our 1/2 court man shell games
      1) 2 gasers to the losers
      2) one gaser to second place

11:40 a.m. - In a row - free throws - yell out at 10

11:45 a.m. - 1/2 court 2-3 - no break - 7 points win
      1) gaser to the losers - only one winner

11:55 a.m. - 1/2 court 1-3-1 with Tim on the wing and Chris in the middle

12:05 p.m. - 1/2 court man - same as above

12:15 p.m. - Three to a basket - free throws - run on the misses

12:20 p.m. - Shooting drills - percentage or five in a row –

2) 第 60 回の練習スケジュール

CANISIUS COLLEGE BASKETBALL PRACTICE　#60

Tuesday, January 7

Daily Objective: To understand how important the game against Siena is.

11:30 a.m. - 　Siena Scouting Report – talk about UNH's scouting report

11:20 a.m. - 　Stretching – gaser, fine (Tag 1.05, Russ 95, Chris 65 and Mike 60;
go over the travel schedule (vans leave at 7:30 a.m. Wear shirt and
tie. Shooting practice when we get there.

11:30 a.m. - 　Free throw – shoot 60 – 10 at atime

11:45 a.m. - 　Jump rope

11:50 a.m. - 　Three line weave touching the baseline

12:15 a.m. - 　Full court pressure after passive offense

1) zone

2) man

12:30 a.m. - 　1/2 court three on three defending the triangle

　　　　　　　1) screen for the screener – Siena's offense

12:45 p.m. - 　4 on 4 - 2 on 2 to the weak side – full court run and jump

12:55 p.m. - 　62 in a minute

1:00 p.m. 　- 　Gasers

1:05 p.m. 　- 　1/2 court man taking the break

 1)run dry run first with a play and then bring them together

　　　　　　2)11 points win

　　　　　　3)1/2 court gaser to the losers

1:40 p.m. 　- 　knockout games

1:54 p.m. 　- 　Free throw – three to a basket – run on the misses

CAN'T PUMP FAKE

3）第 90 回の練習スケジュール

CANISIUS COLLEGE BASKETBALL PRACTICE #90

Wednesday, March 5

Daily Objective: To get ready for Boston University.

3:00 p.m.	-	Boston University video
3:25 p.m.	-	Boston University Scouting Report
3:25 p.m.	-	Stretching - gasers, fines (Russ $3.75, Pony $2.30, Brian $1.05, Chris 25¢). Shooting practice tomorrow at 2:45 p.m. We looked past them the last time; very good team the fight, scrappy, and the pressure mounting.
3:45 p.m.	-	Jump rope
3:48 p.m.	-	Three men 2 balls shooting drill
3:58 p.m.	-	Free throws - three to a basket - run on the misses
4:03 p.m.	-	Gasers
4:05 p.m.	-	3 men
4:10 p.m.	-	4 on 4 – 2 on 2 to the weak side

          1) run and jump
          2) 12 defense

4:15 p.m.	-	1/2 court man both offense and defense

          1) no break
          2) technique both ways

4:25 p.m.	-	1/2 court zones both offense and defense

          1) 2-3
          2) 1-2-1-1
          3) 1-3-1
          4) no break
          5) technique

4:35 p.m.	-	5 men
4:40 p.m.	-	Free throws - in a row – yell out at 10

付録4：
週間スケジュール

1）第2週の練習スケジュール

CANISIUS COLLEGE
BASKETBALL OFFICE

CANISIUS COLLEGE MEN'S BASKETBALL PRACTICE SCHEDULE
Week #2 – Monday, October 21, to Sunday, October 27

Monday, October 21	- 2:30 p.m. – 5:00 p.m. (Volleyball sets up at 5:00 p.m.)
Tuesday, October 22	- NO PRACTICE
Wednesday, October 23-	2:30 p.m. to 5:00 p.m. (Volleyball sets up at 5:00 p.m.)
Thursday, October 24	- 2:30 p.m. to 6:00 p.m. (Cage Club game at 4:30 p.m.) (Wear Jacket and tie to practice)
Friday, October 25	- 3:00 p.m. to 4:00 p.m. (Video of Thursday's scrimmage at 4:30 p.m.)
Saturday, October 26	- 9:00 a.m. to 12:00 p.m.
Sunday, October 27	- 9:00 a.m. to 12:00 p.m.

GOLDEN GRIFFIN BASKETBALL

2）第 15 週の練習スケジュール

CANISIUS COLLEGE
BASKETBALL OFFICE

CANISIUS COLLEGE MEN'S BASKETBALL PRACTICE SCHEDULE
Week #15 – Monday, January 20, to Sunday, January 26

Monday, January 20 - 10:00a.m. – 12:00 p.m. The site will be announced. It might be at Alumni Arena on U.B.'s campus or at KAC

Tuesday, January 21 - 2:30p.m. to 5:00p.m.

Wednesday, January 22 - 3:00p.m. to 4:00 p.m. – shooting practice at KAC

9:00p.m. - Colgate game at Alumni Arena on the campus of the University of Buffalo. We will leave from KAC 7:30p.m. Wear shirt and tie.

Thursday, January 23 - 2:30p.m. to 5:00p.m.

Friday, January 24 - 2:30p.m. to 5:00p.m

Saturday, January 25 - 11:00a.m. – shooting practice at the Aud. We will leave from KAC at 10:30a.m.

Sunday, January 26 - 10:00 a.m. to 12:00 p.m.

付録5：
シューティング・クリニックとその内容

1. レイアップショット
　ドリブルを終えた後、右サイドからは右手で、左サイドからは左手での技術とバスケットに対する角度は、一定でしかも確実でなければならない。

1) 両サイドからの45度の角度
　(1) 右サイドからの右手のショット
　　①左足で踏みきり、鋭く右サイドから切りこむ
　　②ボールをお尻の右側に沿って運ぶ
　　③両方の腕を頭上に伸ばし、両手でできる限りボールを支える
　　④シュートを打つ時、ボールに極端なスピンをかけたり、バックボードに強く
　　　あて過ぎたりしない
　(2) 左サイドからの左手のショット
　　右サイドの時と同じ手順でやる

2) リングの手前に目標をおく
　(1) リングの右側へシュートする。前述の順序でバックボードにボールをあてる
　(2) リングの左側へシュートする。前述の順序でバックボードにボールをあてる
　(3) ダンクショットが十分に可能なプレイヤーを除いてはそうすべきである

3) エンドライン側のコーナーからのショット
　(1) 右のコーナーから：シューターは左足で踏みきり、バックボードへ右手でレイ
　　アップショットする
　　①バックシュート：手順は 2)-(1) と同様であるが、ゴールの下へ行き、左足で
　　　踏みこみ、ボールにスピンをかけ右手でボードにあてる
　(2) 左のコーナーから：シューターは右足で踏みきり、バックボードへ左手でレイ
　　アップショットする
　　①バックシュート：手順は 2)-(2) と同様であるが、ゴールの下へ行き、右足で
　　　踏みこみ、ボールにスピンをかけ左手でボードにあてる

4) パワーレイアップショット

 (1) ゴールに向かって力強く跳ぶ。両サイドからできるようにマスターする

 (2) ワン・ツーステップで前進し、フェイクしてショット、ゴール下で体をコントロールし力強く跳ぶ

5) 1）〜3）のシュートは、シューターがパスしてミートしてうけなければならない。ドリブルなしでトラベリングをしないでシュートする。良いプレイヤーはリングに向かって投げられたパスに対しても同様なことができ、タップショットをする

2. 左右のフックシュート

1) 小さいフックシュート（リングから1メートル以内の所から）
   ローポストから始める

2) ジャンプしてのフックシュート（60センチも跳ばない）

 (1) ローポストポジションと同様

 (2) ローポストでのパワーショットには適当にレイアップショットや小さいフックシュート、パワーレイアップ、ジャンプフックショットを混ぜる

3. フリースロー

1) 次の点に注意する

 (1) 足の位置

 (2) 膝、腰、胴体

 (3) シュートする時の位置―腕、手、握力

 (4) シュートする時の動作―腕、手首、指でボールをループを描く様にして投げる

 (5) シュート後のフォロースルー―腕を縮めないようにする

4. ジャンプショット

1) 体の位置をシュートの時の動作

 (1) 足の位置

 (2) 垂直にしっかりジャンプするために膝を曲げる

 (3) 体と肩とをバスケットに対して直角にする

 (4) すばやい動作でシュートの打てる位置を決める

 (5) シュートと支える腕についてイメージする

 (6) 手の位置とボールの握りぐあい

(7) シュートモーション：手首と指でボールがループを描く様にして投げる

(8) シュート後の腕、手首、指のフォロースルー：腕が縮まないようにする

(9) シュート後、体を流さずにジャンプした地点と着地地点とを同じにする

2) 技術と基礎の発達

(1) リングに向かってまっすぐ立ち、ドリブルなしでジャンプショットする

　①リングに背を向けてボールを持った時、ふり向いて左右にピボットをふんでシュートする

(2) ドリブルでリングに向かってまっすぐ行き、止まってシュートする

　①ドリブルでフリースローラインの左右の地点まで行き、内側の足でピボットをふんでシュートする

(3) シューターはリングに向かってまっすぐ走り、パスを受け取りやすいと思う地点でパスをもらい、ワンステップふんでドリブルなしでシュートする

　①フリースローラインの T ポジションでボールをもらい内側の足でピボットをふんでシュートする

　②リングに背を向けてボールをもらった時、ふり向いて左右にピボットをふんでシュートする

5. 挑戦することを学ぶ競争の練習

1) グループでミスする前に、個人で連続何回できるか

2) 個人とチームで 10 回やって最も良い数をかぞえる

3) シュートは制限時間内に打つ。シュートのすばやさを強調する

4) チームは 10 人ずつ

付録6：
カニシャス大学バスケットボール　1985-1986 スカウティング・スケジュール
CANISIUS COLLEGE BASKETBALL 1985-1986 SCOUTING SCHEDULE

DATE	DAY	TEAM	SITE	TIME
Nov.5	Mon.	St.Francis(Pa) vs. Marathon Oil	Loretto(Pa)	7:30
Nov.11	Mon.	Michigan State vs. Czechoslovakia(Exhibition)	Lansing, Michigan	TBA
Nov.16	Sat.	Estonia vs. Canisius	Buffalo, New York	7:35
Nov. 20	Wed.	Iona vs. Irish National Team	New Rochelle	8:00
Nov.22	Fri.	Mansfield Tip Off Tournament California, LeMoyne, Sacred Heart	Mansfield, PA.	6 & 8
Nov. 23	Sat.	Mansfield Tip Off Tournament California, LeMoyne, Sacred Heart	Mansfield, PA.	6 & 8
Nov. 22	Fri.	Dayton in the NTT	Riverfront Coliseum	TBA
Nov. 23	Sat.	Siena vs. Ottawa Exhibition	Loudonville, New York	7:30
Nov. 23	Sat.	Clarion vs. Youngstown State	Youngstown, Ohio	TBA
Nov. 23	Sat.	Vermont vs. RPI	Burlington, VT	1:00
Nov. 23	Sat.	New Hampshire vs. Brown	Providence, R.I.	7:30
Nov. 23	Sat.	St.Francis(Pa) vs. Kent State	Kent, Ohio	TBA
Nov. 23	Sat.	Michigan State vs. Western Illinois	Lansing, Michigan	TBA
Nov. 24	Sun.	Vermont vs. Villanova	Philadelphia, Pa.	7:30
Nov. 24	Sun.	Dayton in the NTT Riverfront Colisieum	Cinn, Ohio	6 & 8
Nov. 25	Mon.	Clarion at Cleveland State	Cleveland, Ohio	TBA
Nov. 26	Tues.	Hartford vs. Penn.	Philadelphia, Pa.	7:30
Nov. 26	Tues.	Vermont vs. West Point	New York	7:15
Nov. 26	Tues.	New Hampshire vs. University of Mass.	Mass.	7:30
Nov. 26	Tues.	Boston University vs. Lowell	Boston, Mass.	8:00
Nov. 26	Tues.	Iona vs. North Carolina	Chapel Hill, N.Carolina	7:30
Nov. 26	Tues.	Michigan State vs. Maine	Lansing, Michigan	TBA

Nov. 27	Wed.	Mansfield State vs. Canisius	Buffalo, New York	7:35
Nov. 27	Wed.	St. Francis　(Pa) vs. Pittsburgh	Pittsburgh, Pa.	7:30
Nov. 27	Wed.	Niagara vs. Utica	Niagara Falls, N.Y.	TBA
Nov. 29	Fri.	Hartford vs. New Hampshire	Hartford, Conn.	7:30
Nov. 29	Fri.	Michigan State(Spartan Classic, Central Mich, Western Mich, Delaware)	Lansing, Mich.	TBA
Nov. 29	Fri.	Clarion Tip-Off Tournament	Clarion	

付録7：

カニシャス大学のスカウティングレポート

CANISIUS COLLEGE SCOUTING REPORT

CANISIUS COLLEGE
SCOUTING REPORT

_____ Vs _____   DATE   _____
                                        PLACE   _____

Pos	No	Name	Ht	Wt	Yr
		Substitutes			

Probable starters

How They Substituted

_____

_____

_____

_____

MATCH UPS

No	Ht	Build	Name

vs

1st half tap

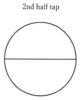
2nd half tap

OUT OF BOUNDS PLAYS

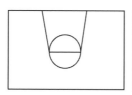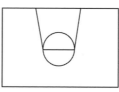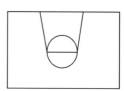

DEFENCE

Out of Bounds

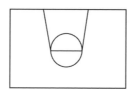

OFFENSE

DEFENSE

GENERAL COMMENTS

付録8：
カニシャス大学のバスケットボール　ゲームプラン
CANISIUS　COLLEGE　BASKETBALL　GAME PLAN

CANISIUS　　COLLEGE　BASKETBALL
GAME PLAN
1.GENERAL COMMNETS　（一般的な考え方）
・
・
・
2.DEFENSIVE　THOUGHTS　（ディフェンスの考え方）
A.

B.

C.

3.OFFENSIVE THOUGHTS　（オフェンスの考え方）
A.

B.

C.

4.WHAT　WE　　MUST DO TO WIN！（勝つために何をなすべきか）
A.

B.

C.

D.

REFLECTION OF GAME（ゲームの反省）

付録9：
試合後のレポート
CANISIUS COLLEGE BASKETBALL
POST GAME REPORT

POST GAME REPORT（試合後のレポート）

OPPONENT（相手チーム）：

PLACE（場所）：　　　　　　　　　　　　　　DATE（日時）：

CANISIUS　{　　　　　}　OPPONENT

CANISIUS STARTERS　　　　　　　　OPPONENT STARTERS
（カニシャス大学スタート）　　　　　　（相手チームスターター）

CANISIUS DEFENSE　　　　　　　　OPPONENT OEFENSE
（カニシャス大学のディフェンス）　　　（相手チームのオフェンス）

OPPONENT DEFENSE　　　　　　　　CANISIUS OFFENSE
（相手チームのディフェンス）　　　　　（カニシャス大学のオフェンス）

SPECIAL COMMENTS（特別なコメント）

付録 10：

ヴァーモントとニューハンプシャーの遠征旅行スケジュール
VERMONT AND NEW HAMPSHIRE TRAVEL SCHEDULE

Monday, December 30

10:00 a.m. - Practice at KAC
1:30 p.m. - Van and cars leave from KAC to the airport
2:30 p.m. - Depart Buffalo on U.S. Air #426
3:29 p.m. - Arrive LaGuardia Airport
4:15 p.m. - Depart LaGuardia Airport on U.S. Air #628
5:16 p.m. - Arrive in Burlington, Vermont. Take the bus to the University of Vermont for shooting practice.
6:00 p.m. - Shooting practice at the University of Vermont
7:15 p.m. - Check into the Radision Hotel , Burlington Square, Burlington, Vermont 05401. Telephone is 802-658-6500.
8:15 p.m. - Meet in the hotel lobby. Depart for What's Your Beef for dinner.
11:30 p.m. - Curfew

Tuesday, December 31

9:00 a.m. - Wake up
9:30 a.m. - Meet in the hotel lobby. Breakfast as a team.
11:00 a.m. - Team meeting
1:30 p.m. - Meet in the hotel lobby for the Vermont Game. Wear game uniforms and be packed and ready to check out of the hotel.
3:00 p.m. - Vermont Game. We will depart for Boston immediately after game by bus. Dress casually for the bus ride.
11:30 p.m. - Check into the Marriot Hotel at Copley Place, 110 Huntington Avenue, Boston, Mass. Telephone is 617-236-5800. There will be no curfew. Please take care of yourself and get some rest.

Wednesday, January 1

11:00 a.m. - Wake up

11:30 a.m. - Breakfast on your own

12:30 p.m. - Meet in the hotel lobby. Leave for Northeastern for practice.

1:00 p.m. - Practice at Northeastern

4:00 p.m. - Team meeting. Watch the Vermont video.

11:30 p.m. - Curfew

Thursday, January 2

8:00a.m. - Wake up

8:30a.m. - Meet in the hotel lobby. Depart for Northeastern for practice.

9:00a.m. - Practice at Northeastern

1:30p.m. - Team meeting. Watch the Vermont video.

11:30p.m. - Curfew

Friday, January 3

8:00a.m. - Wake up

8:30a.m. - Meet in the hotel lobby. Depart for Northeastern for practice.

9:00a.m. - Practice at Northeastern

1:30p.m. - Team meeting

11:30p.m. - Curfew

Saturday, January 4

9:00a.m. - Wake up

9:30a.m. - Meet in the hotel lobby. Breakfast as a group.

10:30a.m. - Team meeting

12:00p.m. - Depart from the hotel by bus for Durham, New Hampshire. Dress casually

3:00p.m. - New Hampshire Game. Bus departs immediately after the game for Boston. Dress casually.

11:30p.m. - Curfew

Sunday, January 5

10:30a.m. - Wake up. Breakfast on your own

11:45a.m. - Meet in the hotel lobby. Depart for Logan Airport by subway.

1:40p.m. - Depart Logan Airport for Buffalo on U.S. Air #367

3:43p.m. - Arrive in Buffalo. Van and cars back to KAC

Monday, January 6

12:00p.m. - Practice at KAC. Video of the New Hampshire Game after practice.

付録11：

1985-1986 年の試合結果の最高と最低 (Highs and Lows) の比較

```
1985 - 1986 Highs and Lows

Canisius                    High                              Low
Points              82 Mansfield                      51 Colgate (1)
  one half          48 Siena (1) - 2nd ½             18 Colgate (1) - 1st ½
Field goals         38 Mansfield                      17 Colgate (1)
  attempts          89 Mansfield                      38 Vermont (1)
  percentage        .560 Siena (28-50)               .304 Colgate (1)
Free throws         29 Vermont (1)                     6 Mansfield/Maine (2)
  attempts          45 Vermont (1)                    11 St. Bonaventure/Niagara (1)
  percentage        .880 St. Francis, Pa. (22-25)    400 Mansfield (6-15)
Rebounds            55 Mansfield                      25 Michigan State/Siena (2)
Personal Fouls      22 Mansfield/Hartford/Duquesne    10 Northeastern (1)
Assists             23 Siena (1)/New Hampshire(2)      9 Hartford
Turnovers           27 Hartford/St. Bonaventure       11 New Hampshire (2) Boston (1)
Blocked Shots        7 Boston (1)                       0 Hartford/Colgate (1)
Steals             *16 Clarion                          4 Maine (1)

Opponents                   High                              Low
Points              90 Michigan State                 47 Northeastern (1)
  one half          46 Michigan State (2nd)           16 Clarion (1st)/Northeastern (1st)
Field goals         37 Michigan State                 18 Siena (1)
  attempts          68 Boston (1)                      34 Colgate (1)
  percentage        .647 Colgate (22-34)             .310 Siena (18-58)
Free Throws         18 Hartford/Vermont (1)             5 Northeastern (1)
  attempts          26 Mansfield                        6 Clarion
  percentage        1.000 Colgate (2) (11-11)         .500 Maine (1) 7-14
Rebounds            50 Boston (1)                      19 St. Bonaventure
Personal Fouls      30 Cornell/Duquesne               16 Niagara/Maine (2)
Assists             25 Michigan State                  6 Siena (1)
Turnovers           30 Colgate (1)                     14 Maine (1)
Blocked Shots       10 St. Francis, Pa.                 0 Maine (1)/New Hampshire(2)
Steals              20 Hartford                         2 Cornell


Individual
Points              24          Minick vs. Colgate (1)
Field Goals         10          Minick vs. Siena (2)

  attempts          19          Harvey vs. Mansfield
  percentage (min 6 atts.)  .778  Heinold vs. Maine (1) 7-9
Free Throws         12          Heinold vs. Boston (1)
  attempts          14          Jackson vs. Vermont (1)
  percentage (min 5 atts.) 1.000  Heinold vs. Boston (1) 12-12
Rebounds            16          Harvey vs. Mansfield
Assists              8          Jackson vs. Iona
Turnovers            7          Jackson, Harvey vs. Hartford; Jackson vs. St. Bona
                              { Heinold vs. Colgate (2)
Blocked Shots        4          Heinold vs. Niagara (1);Boston (1);
                              { Harvey vs. Colgate (2)
Steals               6          Jackson vs. St. Bonaventure

* Ties School Record
```

付録 12：
1985-1986 年の試合結果と過去 3 年間の試合結果の統計比較

1982-1983 – We played 28 games. We finished 11-17

1983-1984 – We played 30 games. We finished 19-11

1984-1985 – We played 30 games. We finished 20-10

1985-1986 – We played 29 games. We finished 21-8

POSSESSIONS: ボール保持回数

1982-1983 – We had 2007 possessions. We averaged 71.7 per game.

1983-1984 – We had 2027 possessions. We averaged 67.6 per game.

1984-1985 – We had 2126 possessions. We averaged 70.8 per game.

1985-1986 – We had 2044 possessions. We averaged 70.5 per game.

FAST BREAK ATTEMPTS：速攻の試行回数

1982-1983 – We attempted 289 fast breaks. We averaged 10.3 per game.

1983-1984 – We attempted 407 fast breaks. We averaged 13.6 per game.

1984-1985 – We attempted 420 fast breaks. We averaged 14.0 per game.

1985-1986 – We attempted 345 fast breaks. We averaged 11.9 per game.

FAST BREAK POINTS WITH PERCENTAGES：速攻得点のパーセンテージ

1982-1983 – We scored 306 break points. We averaged 10.9 break points per game. The fast break represented 17% of our total offence. We converted 53% of our fast break attempts.

1983-1984 – We scored 476 break points. We averaged 15.9 break points per game.

The fast break represented 24% of our total offence. We converted 59% of our fast break attempts.

1984-1985 – We scored 509 break points. We averaged 17.0 break points per game. The fast break represented 23% of our total offence. We converted 61% of our fast break attempts.

1985-1986 – We scored 410 break points. We averaged 14.1 break points per game. The fast break represented 21% of our total offence. We converted 59% of our fast break attempts.

THREE POINT PLAYS：3 ポイントの試投

1982-1983 – We attempted 43 three point plays and made 26. Our opponents attempted

62 and made 46.

1983-1984 – We attempted 60 three point plays and made 42. Our opponents attempted

57 and made 40.

1984-1985 – We attempted 55 three point plays and made 40. Our opponents attempted

37 and made 27.

1985-1986 – We attempted 47 three point plays and made 34. Our opponents attempted

39 and made 30.

TURNOVERS：ミスプレイ回数

1982-1983 – We had 530 turnovers. We averaged 18.9 per game. Our opponents had 468.

They averaged 16.7 per game.

1983-1984 – We had 512 turnovers. We averaged 17.1 per game. Our opponents had 409.

They averaged 13.6 per game.

1984-1985 – We had 474 turnovers. We averaged 15.8 per game. Our opponents had 464.

They averaged 15.5 per game.

1985-1986 – We had 522 turnovers. We averaged 18 per game. Our opponents had 546.

They averaged 18.8 per game.

PERSONAL FOULS

1982-1983 – We fouled 612 times. We averaged 21.8 fouls each game. Our opponents fouled 576 times. They averaged 20.6 fouls each game.

1983-1984 – We fouled 608 times. We averaged 20.3 fouls each game. Our opponents fouled 695 times. They averaged 21.5 each game.

1984-1985 – We fouled 534 times. We averaged 17.8 fouls each game. Our opponents fouled 650 times. They averaged 21.6 each game.

1985-1986 – We fouled 490 times. We averaged 16.9 fouls each game. Our opponents fouled 608 times. They averaged 21 fouls each game.

POINTS PER GAME：ゲームの得点

1982-1983 – We averaged 66.0 points per game. Our opponents averaged 70.8

1983-1984 – We averaged 67.5 points per game. Our opponents averaged 67.3.

1984-1985 – We averaged 72.9 points per game. Our opponents averaged 64.1

1985-1986 – We averaged 66.3 points per game. Our opponents averaged 61.1

FREE THROW PERCENTAGE：フリースローの試投回数

1982-1983 – We shot .697 from the foul line. Our opponents shot .699.

1983-1984 – We shot .718 from the foul line. Our opponents shot .664.

1984-1985 – We shot .730 from the foul line. Our opponents shot .708.

1985-1986 – We shot .706 from the foul line. Our opponents shot .693.

REBOUNDING：リバウンド回数

1982-1983 – We had 899 rebounds and 289 were offensive. We score 263 points from second shots and this represented 14% of our total offense.
Our opponents had 925 rebounds and 265 of them were of offensive.
They scored 269 points on second shots ; this represented 15% of their total offense.

1983-1984 – We had 1008 rebounds and 267 of them were offensive. We scored 311 points from second shots and this represented 15% of our total offence. Our opponents had 970 rebounds and 298 of them were offensive. They scored 299 points on second shots; this represented 15% of their total offense.

1984-1985 – We had 1072 rebounds and 333 of them were offensive. We scored 358 points on second shots; this represented 16% of our total offense. Our opponents had 951 rebounds and 299 of them were offensive. They scored 285 points on second shots; this represented 15% of their total offense.

1985-1986 – We had 997 rebounds and 349 of them were offensive. We scored 340 points on second shots; this represented 17% of our total offense. Our opponents had 881 rebounds and 252 of them were offensive. They scored 201 points on second shots; this represented 11% of their total defense.

ASSISTS：アシスト回数
1982-1983 – We had 339 assists. We averaged 12.1 per game. Our opponents had 385 assists. They averaged 13.8 per game.
1983-1984 – We had 463 assists. We averaged 15.4 per game. Our opponents had 429 assists. They averaged 14.3 per game.

1984-1985 – We had 533 assists. We averaged 17.8 per game. Our opponents had 406 assists. They averaged 13.5 per game.
1985-1986 – We had 454 assists. We averaged 15.7 per game. Our opponents had 398 assists. They averaged 13.7 per game.

付録 13：

サマー・バスケットボール・キャンプ　プログラム 1986 年

サマーキャンプ 6 日間の日程と内容

1 日目　1986　　6 月 28 日　　土曜日

　　　　a.m.　10:30　　スタッフ・ミーティング

　　　　p.m.　12:00　　登録

　　　　p.m.　1;15　　キャンプ開始

　　　　p.m.　1:45　　スタッフ紹介

　　　　p.m.　1;50　　ストレッチ

　　　　p.m.　2:10　　選手評価

　　　　p.m.　4;00　　キャンプの目的

　　　　p.m.　4:30　　1 日目　終了

2 日目　　1986　　6 月 29 日　　日曜日

　　　　a.m.　9:00　　ストレッチ

　　　　a.m.　9:15　　フリースロー　（チームごとに 10 点）

　　　　a.m.　9:30　　指導と練習

　　　　　　　　　　　コート＃ 1 －シューティング

　　　　　　　　　　　　＃ 2 －ボールハンドリング

　　　　　　　　　　　　＃ 3 －ディフェンス

　　　　　　　　　　　　＃ 4 －リバウンド

　　　　a.m.　10:30　　高校－チーム練習とスクリメージ

　　　　　　　　　　　大学－ビデオと水泳

　　　　　　　　　　　NBA －ウエイトルーム

　　　　a.m.　11:10　　高校－ウエイトルーム

　　　　　　　　　　　大学－チーム練習とスクリメージ

　　　　　　　　　　　NBA －ビデオと水泳

　　　　a.m.　11:50　　高校－ビデオと水泳

　　　　　　　　　　　大学－ウエイトルーム

　　　　　　　　　　　NBA －チーム練習とスクリメージ

　　　　p.m.　12:30　　昼食

p.m.	1:30	指導と練習－ローテーションして行う
p.m.	2:30	高校－ゲーム
		大学－ビデオと水泳
		NBA－ウエイトルーム
p.m.	3:10	高校－ウエイトルーム
		大学－ゲーム
		NBA－ビデオと水泳
p.m.	3:50	高校－ビデオと水泳
		大学－ウエイトルーム
		NBA－ゲーム
p.m.	4:30	2日目　終了

3日目　　1986　　6月30日　　月曜日

a.m.	9:00	ストレッチ
a.m.	9:15	フリースロー（8ゴールを使って）、ウォームアップ
a.m.	9:35	高校－ゲーム
		大学－ウエイトルーム、水泳、シュート練習、ビデオ
		NBA－ファンダメンタルの練習－指導と練習－コートの外で
a.m.	10:35	高校－ファンダメンタルの練習－指導と練習－コートの外
		大学－ゲーム
		NBA－ウエイトルーム、水泳、シュート練習、ビデオ
a.m.	11:35	高校－ウエイトルーム、水泳、シュート練習、ビデオ
		大学－ファンダメンタルの練習－指導と練習－コートの外
		NBA－ゲーム
p.m.	12:30	昼食
p.m.	1:30	高校－ゲーム
		大学－ウエイトルーム、水泳、シュート練習、ビデオ
		NBA－3対3(7点先取)　13チームで勝ち抜き
p.m.	2:30	高校－3対3(5点先取)　13チームで勝ち抜き
		大学－ゲーム
		NBA－ウエイトルーム、水泳、シュート練習、ビデオ
p.m.	3:30	高校－ウエイトルーム、水泳、シュート練習、ビデオ

大学－3対3(5点先取)　13チームで勝ち抜き

NBA－ゲーム

p.m. 4:30　　3日目　終了

4日目　1986 7月1日　火曜日

a.m. 9:00　　ストレッチ

a.m. 9:15　　フリースロー（8ゴールを使って）、ウォームアップ

a.m. 9:35　　高校－ゲーム

大学－ウエイトルーム、水泳、シュート練習、ビデオ

NBA－ファンダメンタルの練習－指導と練習－コートの外で

シューティング、ゾーンディフェンス、リバウンド

a.m.10:35　　高校－ファンダメンタルの練習－指導と練習－コートの外で

シューティング、ゾーンディフェンス、リバウンド

大学－ゲーム

NBA－ウエイトルーム、水泳、シュート練習、ビデオ

a.m. 11:35　　高校－ウエイトルーム、水泳、シュート練習、ビデオ

大学－ファンダメンタルの練習－指導と練習－コートの外で

シューティング、ゾーンディフェンス、リバウンド

NBA－ゲーム

p.m.12:30　　昼食

p.m. 1:30　　高校－ゲーム

大学－ウエイトルーム、水泳、シュート練習、ビデオ

NBA－フリースロー・トーナメント

p.m. 2:30　　高校－フリースロー・トーナメント

大学－ゲーム

NBA－ウエイトルーム、水泳、シュート練習、ビデオ

p.m. 3:30　　高校－ウエイトルーム、水泳、シュート練習、ビデオ

大学－フリースロー・トーナメント

NBA－ゲーム

p.m. 4:30　　4日目　終了

<u>5日目　1986　7月2日　水曜日</u>

a.m. 9:00	ストレッチ
a.m. 9:15	フリースロー（8ゴールを使って）、ウォームアップ
a.m. 9:35	高校－ゲーム
	大学－ウエイトルーム、水泳、シュート練習、ビデオ
	NBA－ファンダメンタルの練習－指導と練習－コートの外で
	シューティング、ゾーンオフェンス、インサイド・ムーブズ
a.m. 10:35	高校－ファンダメンタルの練習－指導と練習－コートの外で
	シューティング、ゾーンオフェンス、インサイド・ムーブズ
	大学－ゲーム
	NBA－ウエイトルーム、水泳、シュート練習、ビデオ
a.m. 11:35	高校－ウエイトルーム、水泳、シュート練習、ビデオ
	大学－ファンダメンタルの練習－指導と練習－コートの外で
	シューティング、ゾーンオフェンス、インサイド・ムーブズ
	NBA－ゲーム
p.m. 12:30	昼食
p.m. 1:30	高校－ゲーム
	大学－ウエイトルーム、水泳、シュート練習、ビデオ
	NBA－スキルコンテスト
p.m. 2:30	高校－スキルコンテスト
	大学－ゲーム
	NBA－ウエイトルーム、水泳、シュート練習、ビデオ
p.m. 3:30	高校－ウエイトルーム、水泳、シュート練習、ビデオ
	大学－スキルコンテスト
	NBA－ゲーム
p.m. 4:30	5日目　終了

<u>6日目　1986　7月3日　木曜日</u>

a.m. 9:00	ストレッチ
a.m. 9:15	高校－ゲーム（プレイ・オフ）
	大学－ウエイトルーム、水泳、シュート練習、ビデオ
	NBA－コーチからの総評

a.m. 10:15	高校－コーチからの総評
	大学－ゲーム（プレイ・オフ）
	NBA －ウエイトルーム、水泳、シュート練習、ビデオ
a.m. 11:15	高校－ウエイトルーム、水泳、シュート練習、ビデオ
	大学－コーチからの総評
	NBA －ゲーム（プレイ・オフ）
p.m. 12:30	昼食
p.m. 12:30	高校－ゲーム（決勝戦）
p.m. 1:30	大学－ゲーム（決勝戦）
p.m. 2:30	NBA －ゲーム（決勝戦）
p.m. 3:34	表彰式
p.m. 4:10	打ち上げ
p.m. 4:30	キャンプ終了

論文一覧

バスケットボール研究に関する論文

1. バスケットボールのゲーム分析
   1) 動作時間研究法によるバスケットボールのゲーム分析
      ―重相関法と管理図的考察―
      金沢大学教育学部紀要（自然科学編）23：1 － 10 1974（昭和 49）年
   2) システムズ・グアプローチによるバスケットボールのゲーム分析
      ―第 26 回全日本学生と第 37 回全米学生選手権大会の比較―
      金沢大学教育学部紀要（自然科学編）25:73 － 82　1977（昭和 52）年
   3) 『バスケットボールにおける Droughts がゲームの勝敗に及ぼす影響：
      ユニバシアード神戸大会』金沢大教育学部紀要　自然科学編
      37:119 － 124 1988（昭和 63）年
   4) 『バスケットボール選手における Droughts がゲームの勝敗に及ぼす影響
      ―24 回ソウルオリンピック大会―』
      金沢大学　教育学部紀要教育学編　第 39 号 123-129 1990（平成 2）年 3 月

2. バスケットボール授業と教材の構造化
   1) バスケットボール教材における基礎技術の構造化
      金沢大学教育学部教科教育研究　8：37 － 44　1975（昭和 50）年
   2) 『体育専攻学生のバスケットボールの授業に対する態度とパーソナリティ』
      金沢大学教育学部教科教育研究　20：203 － 208　1984（昭和 59）年
   3) 『肢体不自由児におけるツインバスケットボールの導入』

3. ビデオカメラと VTR によるフィードバック効果
   1) 『運動技能学習における言語、視覚フィードバックの効果』
      金沢大教育学部紀要　教育科学編　32:72 － 79　1983（昭和 58）年
   2) 『バスケットボールショットの技術習得における言語・
      視覚フィードバックの効果』
      北陸体育学会紀要　22:30 － 37　1985（昭和 60）年

3）『バスケットボールの基本技術習得における視覚フィードバックの効果：
小学校 6 年生の場合』
金沢大教育学部紀要　教育科学編, 43:101 － 107 1994（平成 6）年

4）『バスケットボールの観察学習における異なる水準のモデル効果』
金沢大教育学部紀要　教育科学編　44:91 － 98 1995（平成 7）年

4. アイカメラによる観察時における注視点の分析
1）『バスケットボールの観察時における注視点の分析』
金沢大教育学部紀要　自然科学編　34:113 － 120　985（昭和 60）年

2）『バスケットボールにおけるスクリーンプレーの習熟過程と注視点の変容』
金沢大教育学部紀要　自然科学編　38:85 － 92 1989（平成元）年

5. 脳波計によるイメージ想起と脳波活動
1）『バスケットボール選手におけるフリースロー試投時と
イメージ想起時の脳波活動』
金沢大教育学部紀要　教育科学編　49:109 － 122 2000（平成 12）年

2）『アメリカ大学・男子バスケットボール選手におけるプレ・シーズントレー
ニングが体力に及ぼす影響』　教育医学 第 35 巻 第 4 号 192 － 202 1990(平
成 2) 年

本研究の体力測定を協力してもらった Nick Macarchuk ヘッドコーチ、Stan Pelcher
アシスタントコーチ、Peter M. Koehneke アスレティックトレーナーに感謝である。

バスケットボールに関する著書

1. 『現代体育・スポーツ体系（26）』47 − 150　講談社　1984（昭和59）年
2. 『基本レッスン　バスケットボール』（共著）大修館書店　1986（昭和61）年
3. 『バスケットボール勝利へのステップ』ハル・ウイセル（Hal Wissel）著（共訳）
　　大修館書店　1998（平成10）年
4. 『保健体育』（共著）大修館書店　2013（平成25）年

論文：バスケットボールのメンタルトレーニングに関する研究とその他の競技種目

1. バスケットボール選手のメンタルトレーニングと心理サポート
　　1）『バスケットボール選手におけるメンタルタフネスの検討』
　　　　スポーツ心理学研究 18（1）：78-81　1991（平成3）年
　　2）『バスケットボール選手における心理的コンディショニングが
　　　　競技成績に及ぼす影響』
　　　　金沢大学教育学部紀要　教育科学編　46:49 − 57 1997（平成9）年
　　3）『バスケットボール選手における心理的スキルトレーニングの効果』
　　　　金沢大学教育学部紀要　教育科学編　48:95 − 102 1999（平成11）年
　　4）『大学男子バスケットボール選手における心理的スキルトレーニングの効果』
　　　　金沢大学教育学部紀要　教育科学編　50:71 − 78 2001（平成13）年

2. スポーツ選手のメンタルトレーニングと心理サポート
　　1）『石川国体ジュニアー競技選手の心理的適正に関する縦断的研究』
　　　　金沢大学教育学部紀要　教育科学編　42:153 − 159 1993（平成5）年
　　2）『トランポリン選手のメンタルトレーニングに関する縦断的研究：
　　　　世界選手権出場選手3　名の事例』
　　　　金沢大学教育学部紀要　教育科学編　47:193 − 201 1998（平成10）年
　　3）『高校男子バレーボール選手における心理的スキルトレーニング
　　　　トレーニングプログラムの検討―自律訓練法を中心として―』
　　　　金沢大学教育学部紀要　教育科学編　53：73 − 87 2004（平成16）年

著書：メンタルトレーニングに関する著書

1. 『バスケットボールのメンタルトレーニング
   －完成版メンタルトレーニングガイドブック―』ジェイ・マイクス著：（共訳）
   大修館書店　1991（平成 3）年
2. 『コートセンス』ジョン・ジアニーニ著：（共訳）大修館書店
   2012（平成 24）年
3. 『スポーツメンタルトレーニングの基礎』ふくろう出版　2015（平成 27）年

参考文献

1. ガルウエイ・T 著 / 後藤新弥訳（1983）『インナーゲイム』日刊スポーツ出版社
2. ヘルゲル,E. 著 / 稲富栄次郎・上田武訳（1973）『弓と禅』福村出版
   Eugen Herrigel (1971)『Zen in the art of archery』Vintage books New York
3. 宮本常一（2013）『民俗学の旅』講談社学術文庫　36 － 40
4. 末松芳子（2000）『5 つの診断　自分が見つかる ABCDE トレーニング』
   情報センター出版局　p 2、p p 93 － 102
5. 杉原四郎・一海知義（1982）『河上肇　芸術と人生』新評論　11 － 14
6. 杉原隆　（2003）『運動指導の心理学』大修館書店
7. 川喜多二郎（1967）『発想法』中公新書
8. レーヤ, J.（Loehr, E. James.）著 / 小林信也訳 (1987)
   『メンタル・タフネス―勝つためのスポーツ科学』、TBS　ブリタニカ
9. マートン,R.（2013）『スポーツコーチング学―指導理念から
   フィジカルトレーニングまで―』西村書店
   Martens, R. (2012)『Successful Coaching』4th ed. Human Kinetics
10. ネイ・スミス, J.（Naismith, J. ）著 / 水谷豊訳（1989）
    『バスケットボールその起源と発展』YMCA 出版
11. 岡村豊太郎（平成 21 年）『弓道その魅力』（株）ベースボール・マガジン社
    262p
12. The National Collegiate Athletic Association(1985)『1985 － 86 NCAA manual』
    THE NATIONAL COLLEGIATE ATHLETIC ASSOCIATION
13. Stewart, N. and Schoiz, G.（1980）『BASKETBALL　Building the Complete

Program』WALSWORTH PUBLISHING COMPANY
14. 武井光彦監修・内山治樹他訳（2000）『ジョン・ウドゥン UCLA バスケット
　　ボール』 大修館書店

新聞記事など
<u>北國新聞記事</u>
　1. 石村助教授（金大）コーチに　　　　　　1985 年 10 月　　　　　北國新聞
　2. 66 国体必勝へ指導法特訓　　　　　　　1987 年 5 月 13 日付　北國新聞
　3. 緊張の克服に心強い味方　　　　　　　2000 年 8 月 7 日付　北國新聞
　4. 石村助教授（金大）初の指導士に　　　2001 年 4 月 31 日付　北國新聞
　5. メンタル強化　　　　　　　　　　　　2002 年 9 月 22 日付　北國新聞
　6. ライフル陣本領　　　　　　　　　　　2002 年 9 月 24 日付　北國新聞
　7. メンタル跳躍　　　　　　　　　　　　2002 年 9 月 24 日付　北國新聞
　8. 金大でバスケット夏休み特訓　　　　　2003 年 8 月 3 日付　北國新聞
　9. 金大生の胸借り特訓　　　　　　　　　2003 年 8 月 10 日付　北國新聞
　10. 金大付中全学年でメントレ導入　　　　2005 年 6 月 29 日付　北國新聞
　11. 北京五輪へ精神的サポート　　　　　　2005 年 7 月 4 日付　北國新聞
　12. 子供夢基金助成対象活動に　　　　　　2005 年 7 月 30 日付　北國新聞
　13. 北信越初の名誉指導士　　　　　　　　2016 年 7 月 15 日付　北國新聞
　14. 石村金沢学院大教授精神鍛錬法を紹介　2017 年 2 月 11 日付　北國新聞
　15. エンゼルス誕生　土田小 16 人「早く試合がしたい」　　　　　北國新聞

<u>北陸中日新聞</u>
　1. メントレ「生きる力に」　　　　　　　2006 年 2 月 15 日付　北陸中日新聞
　2. あきらめない心育て　　　　　　　　　2012 年 6 月 15 日付　北陸中日新聞
　3. 石村先生のロンドンだより　　　　　　2012 年 8 月 5 日付　北陸中日新聞
　4. メントレ「効果を実感」　　　　　　　2012 年 10 月 31 日付 北陸中日新聞
　5. 石村先生のロンドンだより　　　　　　2012 年 8 月 6 日付　北陸中日新聞
　6. 高校生が講義体験　　　　　　　　　　2012 年 11 月 15 日付 北陸中日新聞
　7. メントレで長寿サポート　　　　　　　2013 年 8 月 5 日付　北陸中日新聞
　8. 松井さん心の強さ　　　　　　　　　　2014 年 1 月 23 日付　北陸中日新聞
　9. 強打者生んだ積極性　　　　　　　　　2014 年 1 月 24 日付　北陸中日新聞

10. 前向きに思考高めて　　　　　　　　2014 年 9 月 3 日付　　北陸中日新聞

<u>その他関連新聞</u>

1. スランプにはならない　　　　　　2013 年 7 月 26 日付　　金沢泉丘高校新聞
2. 逆境を乗り越え—最高の成績をあげるためのメンタルトレーニング
　　　　　　　　　　　　　　　　　2018 年 3 月 26 日付　　広島体育協会
3. Wooden Departs As No.1
4. 前向きな思考を習慣づけよう　　2013 年 10 月 14 日付　　北日本新聞

あとがき

～追いかけても、追いかけても、バスケットボール～

　大学バスケットボールを指導して50年経った。半世紀の中で、1985年から1986年の1シーズンをアメリカのニューヨーク州東部の町バッファロー市で過ごした。約1年間、カニシャス大学でニック・マッカーチクヘッドコーチのもとコーチング技術を学んだ。一生の中でバスケットボールに携わった最も充実した時間を送ることができたのではないか。バスケットボール・オフィスのアシスタントコーチとして学んだこの時を契機にして、私のバスケットボールの指導とスポーツ心理学の研究は大きく変わった。本書は50年間のうち、アメリカで過ごした1シーズンを中心にして前後の指導と学びの記録である。

　バスケットボール・オフィスでの、ニック・ヘッドコーチ、第一アシスタントコーチのスターン、第二アシスタントコーチのデイヴの仕事ぶりは、いつも複数の仕事を持ち、次の課題を考えて準備をしていた。スタッフ皆の日々の生活態度は、バスケットボール勝利へのあくなき姿勢が感じられ、啓発されることが多かった。スターン・ペルチャー第一アシスタントコーチにはスプリングフィールド大学のDr. ビリック先生を紹介してもらい、私のスポーツ心理学とメンタルトレーニングの研究は大きく進展した。バスケットボールのコーチング技術の習得はカニシャス大学で、スポーツ心理学の研究は、バスケットボールの発祥の地であるスプリングフィールド大学で始まった。私の40歳からの研究生活の指針を与えてくれたアメリカへの留学であった。

　夏目漱石の弟子、寺田寅彦先生は「科学者になるには自然を恋人にしなければならない。自然はやはりその恋人にのみ真心を打ち明けるものである。」と語っている。科学者をバスケットボールのコーチに置き換えてみると、「素晴らしいコーチになるには、バスケットボールを恋人にしなければならない。バスケットボールはやはりその恋人にのみ真心を打ち明ける。」と。私は、小学校時代にポートボールを楽しんできたが、中学校時代から一つの恋の対象として、バスケットボールを恋人にしてきた。素晴らしいコーチであったかは判らないけれど、いまだにバスケットボールへの恋は続いている。「追いかけても、追いかけてもバスケットボール」である。ニック・ヘッドコーチから単身アメリカに渡った私に、「1シーズンアメリカで一人過ごすのか、ユウーアークレイジー(You are crazy.)」と言われた。クレイジーな私をバスケットボ

ール・オフィスの一員として迎え入れてくれ、仕事に没頭させてもらった。そして何より両親からの生涯にわたる激励と支援がなければ、この著書は出来上がっていない。バスケットボールに関わる環境を与えてくれて、家庭と自分の職場で奮闘していた妻順子にも感謝しかない。子供たち、朋一、篤子、裕子にも感謝している。出版にあたり読者が理解しやすく忍耐強く本書の編集を担当していただいた野邉真実さん、黒田健一さんに深くお礼を申し上げます。

　バスケットボールを愛する皆さんに、本書が少しでも役に立てるのなら、著者としてこれ以上の喜びはありません。本書を手に取ってくださった読者の皆様にも、お礼を申し上げます。

2019（令和元）年　平成から令和へ
石村宇佐一

索　引

著者略歴

石村　宇佐一（いしむら　うさいち）

1945（昭和20）年　山口県生まれ。
広島大学卒業、同教育専攻科修了、金沢大学教育学部教授を経て、金沢星稜
大学人間科学部教授、金沢学院大学特任教授、金沢大学名誉教授、その間、
金沢大学教育学部附属中学校長、日本体育学会名誉会員、日本スポーツ心理
学会名誉会員、日本スポーツ心理学会認定スポーツメンタルトレーニング名
誉指導士、公益財団法人日本バスケットボール協会ＪＢＡ公認Ａ級コーチ、
日本体育学会理事、全日本学生バスケットボール連盟理事、日本オリンピッ
ク委員会強化スタッフ（医科学スタッフ）

バスケットボールコーチ 50 年
教えは学びの半ば

2020年 3 月30日　発　行

著作者　　石村 宇佐一

発行所　　丸善プラネット株式会社
　　　　　〒101-0051　東京都千代田区神田神保町二丁目17番
　　　　　電話(03)3512-8516
　　　　　http://planet.maruzen.co.jp

発売所　　丸善出版株式会社
　　　　　〒101-0051　東京都千代田区神田神保町二丁目17番
　　　　　電話(03)3512-3256
　　　　　https://www.maruzen-publishing.co.jp

印刷·製本　大日本印刷株式会社

ISBN 978-4-86345-454-5　　　　　　Printed in Japan